LOS DIEZ PILARES DE LA RIQUEZA

Las estrategias de las personas
más ricas del mundo

ALEX BECKER

LOS DIEZ PILARES DE LA RIQUEZA

Las estrategias de las personas
más ricas del mundo

EDICIONES OBELISCO

Si este libro le ha interesado y desea que le mantengamos informado de nuestras publicaciones, escríbanos indicándonos qué temas son de su interés (Astrología, Autoayuda, Psicología, Artes Marciales, Naturismo, Espiritualidad, Tradición…) y gustosamente le complaceremos.

Puede consultar nuestro catálogo en www.edicionesobelisco.com

Colección Empresa
Los diez pilares de la riqueza
Alex Becker

1.ª edición: enero de 2021

Título original: *10 Pillars of Wealth*

Traducción: *Jordi Font*
Corrección: *Sara Moreno*
Diseño de cubierta: *Isabel Estrada*

© 2016, Alex Becker
(Reservados todos los derechos)
© 2021, Ediciones Obelisco, S. L.
(Reservados los derechos para la presente edición)

Edita: Ediciones Obelisco, S. L.
Collita, 23-25. Pol. Ind. Molí de la Bastida
08191 Rubí - Barcelona - España
Tel. 93 309 85 25
E-mail: info@edicionesobelisco.com

ISBN: 978-84-9111-671-4
Depósito Legal: B-21.934-2020

Impreso en Black Print CPI Ibérica, S. L., c/ Torre Bovera, 19-25
08740 Sant Andreu de la Barca - Barcelona

Printed in Spain

«Si tus sueños no te asustan, es que son demasiado pequeños».

–RICHARD BRANSON

Introducción

Dejemos algo claro

Porno.

No sé qué es. Tal vez la mayoría de la gente con la que interactúo haya visto demasiadas películas de Hollywood. Tal vez hay algo en mí que expresa sordidez. Tal vez la gente crea que hay montones de dinero en la desnudez *online*. Sea lo que sea, cada vez que le digo a la gente que soy propietario de mi propio negocio *online,* inmediatamente asume lo mismo: «Debe de ser uno de esos magnates pijos de la pornografía en Internet».

Entonces, cuando les digo que no, que no vendo imágenes o vídeos de desnudos *online,* asumen en privado una lista de cosas como:

- Estafador de tarjetas de crédito
- Prodigio de la bolsa
- *Hacker*
- Genio codificador extraordinario a lo Mark Zuckerberg
- Vendedor de pastillas para la erección…

…y una lista mucho más larga de «trabajos» escandalosos que verías en una película de Hollywood o que necesitarías que te tocara la lotería para conseguirlos. Ahora bien, en mi caso no ayuda que un buen amigo mío sea uno de los mayores anunciantes *online* de pornografía, pero suposiciones como ésta me molestan porque se deben a una completa y absoluta incomprensión de la riqueza (y de Internet). Por eso tuve que escribir este libro: para dejar las cosas claras sobre los negocios *online* y la generación de riqueza en general.

¿Ves? Esta conversación exacta representa el principal motivo por el que hay tantas personas que nunca tendrán libertad financiera. Representa por qué menos del 1 % de las personas se convierten en millonarias. Representa el motivo principal por el que las personas eligen trabajar de ocho a cinco en trabajos desmoralizadores.

Si ignoras todas las insensateces de la primera página del libro, puedes eliminar una creencia muy fea y venenosa que ha arraigado en la mayoría de nosotros, una creencia tan perjudicial que hace que sea prácticamente imposible que te conviertas en alguien rico y exitoso. De hecho, el primer paso para tener éxito es reconocer esta creencia y asesinarla con un hacha de guerra medieval.

«De acuerdo, Alex. Cállate ya. ¿De qué creencia estás hablando?». Es la idea de que, para hacerse rico, tiene que pasar algo extraordinario, raro o afortunado. Que para tener éxito tienes que engañar al sistema, estafar a la gente para que te dé su dinero, ser un supergenio con un vacío legal, tener «suerte» o ser un depravado. O, como mínimo, ¡convertirte en un magnate del porno!

Esta falsa creencia también dice que tienes que tener algo especial o ser alguien especial, y que ser rico no es algo que puedas controlar. Simplemente, no hay una manera ordinaria y directa para que una persona trabajadora cualquiera se convierta en millonaria. Parece muy fácil para otras personas de éxito que admiras, pero sería demasiado difícil o arriesgado que te volvieras como ellas. Es mejor que te sientes en tu cómoda butaca y veas más programas de *late night* porque, sencillamente, no tienes posibilidades de ser alguien grande.

Esencialmente, esta creencia es que no puedes tener éxito, por cualquier motivo que tu cerebro te indique. Simple y llano.

Esta creencia ha matado cualquier posibilidad de que el 99 % de la gente tenga éxito antes de siquiera pensar en comenzar. Si aún no tienes éxito, es probable que de alguna forma estés sufriendo esto. Puede que ni siquiera seas consciente, pero es así. Probablemente pienses que tener éxito sólo es para los afortunados o que está fuera de tu control, o sencillamente te sientes acomodado en tu propia vida y tienes miedo de asumir lo que crees que es un riesgo. Este libro está destinado a cambiar descaradamente este pensamiento.

No me malinterpretes; hay un proceso para ganar dinero y requiere mucho deseo, determinación y trabajo duro. Es difícil, pero no como supones.

Mucha gente ve el dinero como jugar en una máquina tragaperras en Las Vegas. Es difícil ganar, lo que significa que es muy poco probable ganar. Y se gana por suerte o por azar, no por algo que puedas controlar. Sin embargo, éste no es el tipo de dificultad a la que me estoy refiriendo. Ganar dinero es difícil, al igual que jugar a un videojuego es difícil.

Déjame que me explique. Primero y principal, como ávido jugador de videojuegos que soy, puedo asegurarte que he visto a algunas de las personas más ineptas convertirse en verdaderos dioses en ciertos juegos *online*. En la vida real son personas ineptas, perezosas e inútiles. Pero cuando les das un mando, pueden superar a la inmensa mayoría de la raza humana.

¿Por qué? ¿Cómo pueden unos detestables perezosos lograr algo tan exigente? (Sí, los videojuegos pueden ser exigentes. Si lo dudas, inicia una sesión en cualquier juego *online* y prepárate para sorprenderte por el nivel de habilidad necesario para competir en un nivel alto. Puede requerir centenares de horas de preparación y una concentración máxima para conseguir este nivel de juego).

Es sencillo. Creen que pueden llegar a ser increíblemente buenos. Luego juegan (trabajan) con el videojuego una y otra vez hasta que son increíblemente buenos. Sí, es difícil convertirse en un experto en el juego con el que están jugando. Pero, independientemente de que se trate de dominar un videojuego o de ganar dinero, si dedicas suficiente tiempo y esfuerzo a lo que quieres, puedes lograrlo y lo lograrás… aunque seas un *loser* que vive en el sótano de tus padres.

Hacer dinero es así de difícil. No es como tener suerte en una máquina tragaperras o en un décimo de lotería. No es como ganar un concurso de radio. No es raro ni improbable, y no se trata de lograrlo contra pronóstico. No es una situación en la que una persona gana y, por lo tanto, miles o incluso millones de personas deben perder. Es algo que si lo haces una y otra vez, te dedicas a ello con todas tus energías y adoptas una mentalidad de ganador, te volverás bueno en eso… igual que con los videojuegos.

Esto es lo que conseguirás leyendo este libro. Te preparará la mente y te obligará a creer la verdad: ganar dinero es algo que tú, sí, TÚ, puedes conseguir. Más aún, este libro eliminará todas las creencias venenosas de tu cabeza que te han impedido lograr la libertad financiera en el pasado y las reemplazará con las mismas creencias que tienen las personas de éxito.

Estas creencias son los pilares que les sirven de guía y la columna vertebral de su éxito.

Sabes que los pensamientos y las creencias gobiernan cada aspecto de nuestra vida, ¿verdad? No es una opinión: es un hecho que queda demostrado cada día a las ocho de la mañana… o incluso antes.

Todas las mañanas, en todo el mundo, millones de personas se despiertan tan temprano que todavía está oscuro. Se suben a sus automóviles genéricos y conducen a través de un tráfico tan denso que desearían arrancarse los ojos. Se sientan en escritorios de colores neutros y alguien les dice qué tienen que hacer durante ocho o diez horas al día. Ganan el dinero suficiente para pagar sus facturas, pero nunca lo suficiente para conseguir todo lo que desean. Luego se vuelven a meter en pleno tráfico, ven tele sin sentido hasta que se quedan dormidos y repiten lo mismo al día siguiente…, a menos que sea fin de semana, momento en el que por fin tienen algo de tiempo para hacer aquello que realmente les gusta hacer.

La gente se sacrifica cinco días a la semana para poder disfrutar de dos. Dejan de pasar horas con su familia para hacer algo que preferirían no hacer o que incluso desprecian. Se estresan por el tiempo y el dinero, deseando tener cantidades infinitas de ambos. Peor aún, aceptan que nunca podrán cambiar su vida o vivir sus sueños.

¿Por qué demonios alguien haría esto? ¿Qué fuerza podría ser tan poderosa para hacer que millones de personas vivan la vida de esta manera?

La respuesta es que millones de personas comparten la creencia común de que esta vida típica de ocho a cinco es la mejor opción posible o incluso su única opción.

En pocas palabras, las creencias son suficientes para esclavizar a una persona y obligarla a mantener su vida mediocre y renunciar a trabajar en pos de la vida que realmente desea (y es capaz de tener). Pero las creencias también pueden mantener exitosa a una persona exitosa, incluso cuando «las probabilidades están en contra».

Imagínate esto: un hombre arruinado tiene una idea y consigue un patrimonio neto de más de 10 millones de dólares en menos de 2 años. Se siente muy orgulloso de sí mismo por haber alcanzado su objetivo y está realmente contento con su vida. Entonces, 6 meses después, le roban telemáticamente y sólo le quedan 5000 dólares. (En la vida real es muy probable que pudiera recuperar su dinero del banco o del seguro o como sea que funcione esto. Pero en este ejemplo, supón que sólo le quedan 5000 dólares, ¿de acuerdo? ¡Gracias!).

¿Qué crees que haría? ¿Se limitaría a unirse al estresante tráfico cada mañana, renunciaría a su sueño y trabajaría de ocho a cinco por el resto de su vida? Más importante aún: ¿crees que se comportaría como todos los demás?

¡Diablos, claro que no! Todo lo que ha visto y ha hecho durante los últimos años le demuestra que tiene una opción muchísimo mejor. Cree y sabe que todo lo que tiene que hacer es dejarse la piel trabajando (de la manera correcta) y podrá generar riqueza (nuevamente). Incluso si consigue un trabajo temporal para pagar las facturas y poner un plato en la mesa, esa creencia siempre estará rondando por su cabeza y lo más probable es que salte a la primera oportunidad de volver a tener éxito.

Ahora imagina que, en un pispás, cogiéramos las creencias del exmillonario y las metiéramos en la cabeza de cada «combatiente del tráfico» (mi término para referirme a una persona con un trabajo de ocho a cinco que no está muy contenta con sus cinco de ocho a cinco) que hay en el mundo. ¿Qué pasaría si cada una de estas personas creyera de repente que podía iniciar un negocio y generar tanto dinero como quisiera?

Bueno, pues que, por desgracia, el mundo se convertiría en una gigantesca bola de caos. Todos darían la vuelta, pasarían de ir al trabajo e iniciarían sus propios negocios. Las grandes empresas mundiales cerrarían, nadie podría ir al Starbucks a por su café con leche helado con extra de espuma y habría una epidemia de mano de obra.

De todos modos, no tengas miedo, porque esto nunca pasará. Es un hecho de la naturaleza humana. No hay forma posible de que todos y cada uno de los humanos se vuelvan conscientes de sí mismos, renuncien a sus trabajos y se conviertan en multimillonarios. Más allá de eso, conseguir estas creencias millonarias, ponerlas en práctica y usarlas para crear riqueza y tener éxito también es increíblemente raro. De hecho, por lo general (no siempre, pero por lo general) se necesita un accidente extraño que fuerce a una persona a una situación en la que puede aprender a implementar estas ideas.

Tres de las personas más exitosas que conozco personalmente han estado arruinadas y sin hogar en algún momento de su vida. Ahora, una de ellas tiene cerca de 600 millones de dólares y las otras dos generan ingresos personales de millones de dólares al mes.

¿Qué les pasó? Bueno, en un momento de su vida, su situación se puso tan mal y sufrían tanto que *tuvieron que* encontrar una alternativa. Esto es todo lo contrario a lo que les sucede a los combatientes del tráfico, cuyas situaciones «huelen mal» pero no son «tan malas». Los combatientes del tráfico pueden quejarse de su trabajo y desear tener más ingresos, pero muy pocos sufren graves dolores físicos, psíquicos o emocionales. Es este inmenso dolor el que provoca un cambio. Así pues, como no lo sufren y se sienten acomodados (no me refiero a contentos, me refiero a estar acomodados y no sentirse obligados a hacer algo diferente) donde están, es mucho menos probable que cambien.

Algunas personas nacen con el deseo de ser emprendedores. Estoy seguro de que has visto millonarios de catorce años en la televisión y en revistas. Por desgracia, no soy una de esas personas y, a menos que seas un millonario de catorce años y estés leyendo este libro para ayudarte a conciliar el sueño o algo así, tú tampoco. Para el resto de los mortales, es necesario sufrir un *shock* brutal en nuestro sistema para romper nuestras creencias limitantes que impiden nuestra riqueza.

A menos que nos veamos afectados por verdadera desesperación, dolor, ira, miedo, enfermedad o alguna otra circunstancia extrema, por lo general nos quedaremos en nuestra zona de confort hasta el día de nuestra muerte. Éste es el motivo por el cual nos quedamos en situaciones con las que no estamos contentos y las personas de clase media suelen mantenerse dentro de la clase media, pero también es el motivo por el cual se ven historias de personas que pasan de ser muy pobres a ser muy ricas.

Imagina que estás en el desierto y tienes un oasis que te proporciona el agua suficiente para sobrevivir, pero nunca la suficiente para estar completamente satisfecho. Claro, tu oasis es muy pequeño, pero es probable que nunca salgas a buscar otro oasis si esto significa tener que arriesgar tu ridículo pero cómodo oasis. De hecho, lo único que podría empujarte a encontrar algo mejor sería que tu oasis se estuviera secando o hubiera una invasión de serpientes venenosas o cualquier otras cosa igualmente aterradora o perjudicial para tu salud. Es un pensamiento triste, pero la única forma de que las personas tengan una verdadera motivación para mejorar su vida (de manera masiva) es que su oasis se seque y se encuentren en una situación tan mala que se vean forzadas a hacer un cambio.

Así es como llegué a mi éxito. Mi oasis se había secado y ya no tenía la opción de quedarme a gusto.

A los veintitrés años, acababa de salir de la Fuerza Aérea de Estados Unidos y no tenía nada. Nada.

Cuando tenía veinticuatro años, estaba generando muchos ingresos de cinco cifras al mes.

Cuando tenía veinticinco años, tenía unos ingresos comerciales de varios millones de dólares y me compré mi primer Lamborghini.

Cuando tenía veintiséis años, estaba generando muchos millones al año. Me mudé a la casa de mis sueños en la zona residencial de Dallas y dirigía un negocio que afectaba a miles de personas.

Y ahora, a los veintisiete años, estoy a punto de vender una de mis compañías por más de 20 millones de dólares y genero cientos de miles de dólares cada mes viviendo la vida como exactamente quiero vivirla.

¿Confundido? ¿Sorprendido? ¿Celoso?

Déjame que te explique.

Cuando tenía veintidós años, estaba a punto de finalizar mi contrato de cuatro años con la Fuerza Aérea de Estados Unidos. Las fuerzas armadas me fueron muy bien. Personalmente, espero que mis futuros hijos también se alisten, porque seguro que no vivirán de mi dinero después de cumplir los dieciocho años. La Fuerza Aérea me hizo crecer rápidamente y me enseñó a cuidarme como un adulto.

Sin embargo, si bien las fuerzas armadas eran excelentes, mi trabajo en el Ejército no lo era. De todos modos, no lo culpo ni un segundo, porque me dio el mejor regalo que he recibido. Ese regalo fue que realmente me tocó las narices, lo que hizo que me desesperara por cambiar mi vida.

Trabajaba en un lugar donde nuestros directores no eran militares, sino civiles impulsados por promociones. En el Ejército, no puedes renunciar a tu trabajo y no puedes quejarte ante tus jefes. Debido a esto, los civiles impulsados por promociones nos hacían trabajar a destajo para verse mejor.

Fui bombero de la Fuerza Aérea durante mis cuatro años de servicio. En la mayoría de las bases, un bombero pasa el tiempo entrenando y luchando contra incendios como el nombre indica. Sin embargo, pasé el 99,9 % de mi tiempo limpiando y lavando camiones de bomberos. Aprendí más sobre limpiar lavabos y fregar suelos que sobre la lucha contra incendios. Recuerdo un mes en el que tuvimos que limpiar los camiones cada vez que salían del cuartel porque nuestro ridículo jefe estaba aterrado por si los superiores se enfadaban por si estaban sucios.

Nota: los camiones salían del cuartel unas diez veces al día, incluso a plena noche. Ten en cuenta también que lleva de cuarenta y cinco minutos a una hora limpiar un camión de bomberos de arriba abajo.

En pocas palabras, después de limpiar el inodoro que hacía el número mil quinientos (uno más, uno menos), dije basta. Quería pasar página una vez que finalizara mi contrato y hacer algo nuevo. Sólo había un pequeño problema: no tenía habilidades en el mundo real. La preparación como bombero que me había brindado la Fuerza Aérea era muy especializada y no se desarrolló demasiado bien en el campo de la carrera supercompetitiva de la lucha contra incendios. Y no quería ganarme la vida limpiando baños el resto de mi vida.

Así pues, tenía dos opciones: prolongar mi contrato en las fuerzas armadas y aguantar otros cuatro años haciendo algo que odiaba con todo mi corazón, o hacer algo un poco absurdo e intentar aprender a ganar suficiente dinero para vivir cuando saliera del Ejército.

Como soy un idiota tenaz, elegí la opción B. Claro, podría haber ido a la universidad, pero habría significado subsistir otros cuatro años mientras todos mis amigos me aventajaban. Y hoy, en vez de escribir un libro con millones de dólares en el banco, me estaría preparando para los exámenes finales y me estaría preguntando qué querría ser en el futuro. Y claro, podría haber conseguido un trabajo básico después de dejar el Ejército, pero como puedes ver, no soy el tipo de persona que estaría de acuerdo en trabajar por diez dólares a la hora para ayudar a mi jefe a ganar cantidades de seis o siete cifras al año.

Así pues, sí, elegí hacer algo loco y descubrir cómo ganar tiempo por mi cuenta. Me senté delante de mi ordenador y comencé a buscar en docenas de foros y sitios web para aprender formas de generar ingresos *online*. Terminé tropezando con un método llamado SEO.

Ahora, antes de entrar en lo que es el SEO, tengo que reforzar un punto. Este libro no está pensado para incentivarte a aprender sobre SEO o para enseñarte SEO. De hecho, la forma en que la hice mis millones tiene muy poco que ver con el SEO. Tampoco estoy respaldando ningún método particular para generar riqueza. Hay mil y una formas (o más) de hacerlo, pero se pueden conocer siguiendo las ideas de este libro.

Dicho esto, SEO (*Search Engine Optimization,* «optimización de motores de búsqueda») es el proceso de mejorar el *ranking* en motores de búsqueda como Google. Todas las empresas quieren esto. Imagina que tienes una empresa de sistemas de seguridad para el hogar. Si tu empresa apareciera en los cinco primeros resultados de búsqueda al buscar «sistemas de seguridad para el hogar» en Google, aumentarían drásticamente tus ventas porque tanto tu empresa como tu página web serían más visibles entre tu público objetivo: personas que buscan «sistemas de seguridad para el hogar». ¿Cómo se consigue llegar a los cinco primeros resultados de búsqueda? Haciendo que alguien haga SEO por ti.

Sin embargo, las formas más comunes de ganar dinero con SEO no implican ser dueños del negocio. La mayoría de las veces, las personas ganan dinero dando *rankings* elevados y promoviendo los productos de otras personas a cambio de una comisión. También hacen trabajos de SEO como *freelance* para empresas externas para incrementar la cantidad de tráfico que recibe el sitio web de la empresa. Como no tienes que crear nada, esto hace que la barrera de entrada sea notablemente pequeña.

Hay mucho más, pero esto es todo lo que tienes que saber por ahora para comprender el SEO. Si estás interesado en saber más, sólo tienes que buscar en Google «Source Wave» y encontrarás mi negocio de SEO, donde creamos *software* y servicios de SEO, así como también capacitamos a las personas para hacer SEO.

Cuando descubrí el SEO, implicó que encontré una manera de abandonar la Fuerza Aérea y seguir generando unos ingresos decentes sin prácticamente educación. Todo lo que tenía que hacer era aprender SEO lo suficientemente bien como para clasificar los sitios web y aprender cómo vender mis servicios a las empresas. Entonces podría salir de este cuchitril, mudarme a una ciudad universitaria con mis amigos y pasar el tiempo emborrachándome mientras hacía «dinero en Internet». Dicho de otro modo: dejar mi trabajo estable que odiaba e intentar hacer dinero *online*.

A menos que seas un emprendedor, probablemente te parezca una idea bastante estúpida. De hecho, esto probablemente me haga parecer bastante parecido a aquellas personas que compran productos infomerciales a altas horas de la noche para «hacerse rico rápidamente». Pero mi trabajo era tan horrible y mi futuro tan indeciso que decidí elegir el camino «estúpido» y esperar que me fuera bien.

Por desgracia, era horrible con el SEO. Nunca había desarrollado las habilidades de aprendizaje para mejorar rápidamente en algo. En el sistema escolar estadounidense se nos enseña a memorizar ecuaciones y definiciones, y a pintar sin salirse de la línea. Nunca se nos enseña a aprender una habilidad aleatoria y a dominarla. Éste es un gran motivo por el cual tanta gente fracasa al empezar un negocio. Las personas no son estúpidas, simplemente no saben cómo aprender. Lo arreglaremos en este libro.

Volviendo al tema, llegó la fecha de renovar y aún tenía que ganar dinero de verdad. Había clasificado con éxito algunos sitios web y pude ganar algo de dinero haciendo trabajo *freelance online,* pero aún tenía que acercarme más a cómo reemplazar mis ingresos.

A pesar de que no estaba haciendo mucho dinero con el SEO, decidí que dejar las fuerzas armadas y trabajar en mi negocio era la decisión correcta. No podía quedarme en un trabajo que odiaba sólo porque tenía un sueldo estable. Entonces cogí los últimos 6000 dólares de mi plan de jubilación y dejé la Fuerza Aérea. Esto me puso ante una situación determinante. Tenía que aprender a generar un ingreso sustancial en seis meses o irme a la ruina. Esta situación me obligó a tomar medidas importantes para sobrevivir.

Verás, las personas rara vez tienen éxito si se sienten acomodadas en su situación actual, independientemente de que sea buena o mala. Sin embargo, si alguien sufre dolor físico, mental o emocional debido a su situación, es mucho más probable que tome medidas, corra riesgos y trabaje en pos de objetivos aparentemente locos. Es este dolor el que impulsa a las personas a tener éxito.

Por este motivo los fumadores pueden dejar de fumar más fácilmente cuando se les diagnostica un cáncer de pulmón. Y por este motivo las personas no se olvidan de tomar los medicamentos cuando están enfermas, pero a menudo se olvidan de tomar sus vitaminas para prevenir enfermedades. Y, finalmente, por este motivo pude ganar dinero con el SEO después de que me diera cuenta de que no me quedaba otra opción que me hiciera feliz y exitoso.

Ésta es una de las razones por las que creo que muchos se enriquecen. Están tan malditamente hartos de sus situaciones cotidianas que *tienen* que ir en contra de lo que se les ha metido en la cabeza durante toda la vida. No pueden soportar seguir con la vida que tienen. Luego, una vez que descubren cómo ganar dinero, no pueden soportar no ganar más.

Ya lo he dicho antes: las personas más ricas que conozco, con un patrimonio neto que oscila entre los 50 y los 600 millones de dólares, se han encontrado arruinadas o sin hogar en algún momento de su vida. Extremos como éste nos obligan a ignorar todo lo que nos han dicho durante toda nuestra vida y nos fuerzan a tomar medidas drásticas para escapar.

Ahora volvamos a mi historia. Cuando abandoné la Fuerza Aérea con mis últimos 6000 dólares y sin una educación formal, tuve que hacer frente a un inmenso dolor. No podía soportar la idea de ser visto como un fracasado por mis amigos y familiares. Durante toda mi vida fui conocido por ser un «metepatas». No pude conservar un trabajo antes de entrar en el Ejército, y cuando terminé mis cuatros años en la Fuerza Aérea, no tenía ninguna cualificación para hacer otra cosa que no fuera limpiar baños. A menos que hiciera algo drástico, mi futuro se limitaría a la vergüenza y limpiar retretes. Después de experimentar esto durante cuatro años en la Fuerza Aérea, no podía volver. Me sentía incapaz de aceptar las consecuencias de no cambiar mi vida. Valoraba demasiado mi vida y mi orgullo como para fallar, y cuando esta realidad me golpeó, me convertí de repente en Superman. Comencé a trabajar durante dieciséis horas seguidas sin problemas y cada pensamiento que llenaba mi cerebro era sobre convertirme en un experto en SEO.

Gracias a ello, acabé siendo bueno en esto. Realmente bueno. En tan sólo unos meses, dominé habilidades del SEO y de Internet que la mayoría de gente necesita años para aprenderlas. Hice productos, lancé sitios e hice llamadas en frío a empresas tratando de conseguir clientes. Lo hice todo.

Esto no fue así porque tuviera talento. Fue así porque tenía el impulso para trabajar dieciséis horas al día aprendiendo y dominando este oficio. Cualquiera puede convertirse en un experto en cualquier cosa –incluso en ganar dinero– cuando le dedica una gran cantidad de tiempo e ideas. La verdad es que la mayoría de personas no lo harán y no pueden porque no tienen la motivación, y la motivación es la clave. Sin embargo, la motivación es casi imposible de provocar sin una situación extrema. (¿Ya he metido esta idea en tu cerebro?).

Dicho esto, conseguí ser lo suficientemente bueno en SEO como para generar unos ingresos decentes a tiempo completo. Más importante aún, me di cuenta de que podía ganar dinero siempre que trabajara muy muy duro en algo.

Gracias a las habilidades que adquirí, poco después de dejar las fuerzas armadas me ofrecieron un trabajo a tiempo completo en una agencia de *marketing*. No estaba ansioso por trabajar para otra persona, pero esto me ofreció nuevamente la ventaja de una red de seguridad y una zona de confort, así que lo acepté. Hasta el día de hoy no me arrepiento, pero éste es un ejemplo perfecto de la facilidad con que tragaremos con algo que no queremos hacer siempre y cuando nos ofrezca una zona de confort.

De todos modos, éste fue un gran trabajo con gente amable, y en ese momento era la situación de mis sueños. Además, ganaba más de 10 000 dólares al mes combinando este trabajo y el de SEO como *freelance*. Era más que lo que ganaba cualquiera de mis amigos con título universitario. Gracias a esto, sesteé por un tiempo durante el cual estuve bastante contento con mi vida.

Sin embargo, la idea de que podría ganar más dinero si trabajaba duro en mi negocio seguía rondándome por la cabeza. Todo el éxito que tuve hasta ese momento lo demostró. Así pues, cuando deseé más dinero, no podía simplemente creer que mantenerme en mi zona de confort era lo correcto. Sabía que mantenerme en mi zona de confort y no cambiar mis acciones diarias también provocaría que mis ingresos no cambiaran. Debido a esto, pronto empecé a hartarme del largo desplazamiento en coche hasta el trabajo. En realidad, lo odiaba. No maldeciré mucho en este libro, pero *odio* el jodido tráfico en hora punta. De ahí que use el término «combatiente del tráfico» para referirme a aquellas personas atrapadas en trabajos y estilos de vida que odian.

(Descargo de responsabilidad: Un combatiente del tráfico no es simplemente alguien que tiene un trabajo de ocho a cinco. Este término se usa para describir a las personas que tienen trabajos de ocho a cinco, *odian* su trabajo de ocho a cinco y desean poder hacer otra cosa que no sea ese trabajo de ocho a cinco. Pero podría no ser tu caso ni el de nadie que tú conozcas. A algunas personas les gusta su trabajo y les gusta lo que hacen. Algunas personas están contentas con su trabajo de ocho a cinco y con el dinero que ganan. Sin embargo, si entras en esta categoría, es más probable que estés leyendo ficción de una lista de *best sellers* que este libro. ¡Si eres una de estas personas, mejor para ti! Este libro aún podría ayudarte a tener más éxito hagas lo que hagas. De todos modos, este libro es sobre todo para personas que *no* están contentas con su trabajo o con el dinero que ganan, porque éstas son las personas que tienen muchas más probabilidades de cambiar y de tener un éxito enorme).

Al cabo del tiempo me di cuenta de que odiaba cómo mi jefe dirigía esa agencia. Odiaba tener que trabajar cinco días a la semana sólo para «ganar» dos libres. Odiaba que me pagaran 10 000 dólares al mes cuando sabía que mi jefe ganaba 10 veces más. Todo esto se debía a esa creencia que se me había metido en la cabeza cuando trabajaba para mí. Sí, ése era el trabajo de mis sueños, pero siempre estaba enfadado porque sabía que podía ganar más dinero por mi cuenta. Éste es un ejemplo perfecto de cuán poderosas son las creencias.

Dicho esto, comencé a trabajar en mi propio negocio cada segundo que tenía para poder crecer lo suficiente como para dejar mi trabajo en la agencia de *marketing*. Cuando llegaba a casa de mi trabajo, me ponía a trabajar. Mientras mis amigos jugaban a videojuegos por la noche, yo trabajaba. Mientras todos los que conocía estaban bebiendo en la piscina durante el fin de semana, yo trabajaba.

Dos meses después, mi negocio generaba más de 20 000 dólares al mes, y a esto le tenía que sumar el sueldo de mi trabajo. En ese momento, dejé mi trabajo y nunca miré hacia atrás. Mi jefe era una buena persona y la agencia de *marketing* era excelente, pero trabajar para mí antes de tener ese trabajo ya me había hecho creer que podía controlar mis ingresos. Por este motivo, nunca más podría volver a trabajar en un trabajo de oficina. Incluso hoy día, si lo perdiera todo, buscaría un trabajo para pagar mis facturas y comprar algo para llevarme a la boca, y entonces, casi de inmediato, comenzaría a trabajar en la creación de un nuevo negocio. ¿Por qué? Porque sé que puedo tener éxito trabajando por mi cuenta.

Lo mal que lo pasé en mi vida me inspiró para tomar medidas radicales. De hecho, tomar estas medidas me resultó bastante fácil porque no veía otra solución. Debido a estas medidas, adquirí creencias que me empujaron nuevamente a ir más allá. Y debido a que seguí forzándome para ir más allá, aprendí a controlar mi dinero y mis ingresos. Cuanto más me metía en la ratonera, más aprendía la mentalidad y las creencias necesarias para generar millones de dólares en ingresos. Aprendí las creencias nucleares (o los pilares, como me gusta llamarlas) que tienen todas las personas de éxito y que faltan en todas las personas sin éxito.

Sin embargo, lo que quiero hacer con este libro es darte un acceso directo al paso final: controlar la riqueza y los ingresos. Me encantaría que omitieras el paso de «dolor profundo» que muchos de nosotros hemos vivido y que sencillamente adquieras la mentalidad para tener más control sobre tu vida. Más aún, quiero darte los pilares exactos que nos han hecho a mí y a muchos otros extremadamente ricos.

Adquirir este conocimiento suele requerir un dolor extremo y una formación de creencias lenta. Pero si estás leyendo este libro, es probable que no hayas pasado por una situación en la que la necesidad de tener éxito fuera más fuerte que la necesidad de permanecer tranquilo. Al menos, todavía no.

No me malinterpretes, no estaba viviendo una situación grave y no soy una historia de pobreza a riqueza. Todo el dolor mental que sentía era autoinfligido, ¡pero eso también cuenta! Todo se reduce a ese momento en el que tu cerebro llega a un punto en el que no puede más, en el que algo debe cambiar o, de lo contrario, te volverás loco. Es diferente para todos. Tener un trabajo horrible, ir a la bancarrota, pasar por verdaderas dificultades financieras, vivir un trauma familiar o quedarse sin hogar (como mis amigos exitosos que he mencionado anteriormente)…, todos son factores que pueden hacer que tu cerebro cambie de «puedo vivir así» a «algo debe cambiar de inmediato».

De todos modos, la mayoría de gente nunca llegará a ese punto. ¿Por qué? Porque desde el día en que nacemos nuestra sociedad nos hace pensar que el dolor diario leve es normal y esperado, y que no podemos estar contentos con todos los aspectos de nuestra vida. También vivimos en una sociedad que ama la comodidad. Y quiero decir que la ama. Se nos dice que vayamos a la escuela, saquemos buenas notas, consigamos un trabajo y nos vaya bien en este trabajo, y todo para poder ganar suficiente dinero para estar acomodados. E incluso si no te gusta tu trabajo, probablemente estés lo suficientemente acomodado como para pensar que cambiarlo no tiene sentido y es absurdo, imposible o demasiado arriesgado.

Puede que a la gente no le guste lo que hace. Puede que sean infelices o quieran ser más ricos de lo que ya son. Pero lo que tienen ahora es soportable y una alternativa mucho mejor a asumir que lo que creen que son riesgos. Por este motivo, muy pocas personas se sienten presionadas a abandonar su zona de confort y cambiar su vida. Pero el hecho es que no tendrás éxito si tu vida sigue igual. No puedes esperar que tu vida, tus circunstancias o tus situaciones cambien si tú no cambias.

Ésta podría ser la razón por la que estás leyendo este libro. En realidad, no te gusta la situación en la que te encuentras y es probable que la quieras cambiar, y puedes leer sin problemas este libro sobre cómo hacerte rico sin correr ningún riesgo.

De hecho, si aún no estás creando un negocio exitoso o cambiando tu vida de una manera radical, lo más probable es que estés leyendo este libro porque quieres descubrir alguna manera de hacerte rico sin correr el menor riesgo. Todo el mundo lo quiere, y esto es parte del problema que te voy a curar. De hecho, asumir riesgos es una de las creencias fundamentales que debes adoptar.

Déjame decirte una cosa ahora mismo: para hacerte rico, tendrás que correr riesgos. Déjame repetirlo de otra manera. Debes correr riesgos para tener éxito. (Deben ser riesgos inteligentes y bien pensados, pero llegaremos a esto un poco más adelante). ¿Nunca has oído hablar de «riesgo alto, recompensa alta»? Esto también implica que riesgo bajo, recompensa baja, que es muy probable que sea el mundo en el que vives en este momento.

En los últimos años, mi único objetivo ha sido ganar dinero y luego ganar más y más. He pasado mucho tiempo aprendiendo personalmente de otros multimillonarios, así como estudiando a otros desde la distancia. Y si bien la mayoría de los multimillonarios han tenido éxito tras una enorme adversidad, te enseñaré una forma de hacerte rico sin tener que pasar por ello. (PD: me refiero al rico propietario de un avión, no al abogado o al médico ricos; y cuando digo de éxito, me refiero a ser el exitoso dueño de apartamentos en tres grandes ciudades, no el exitoso dueño de dos Acura).

En pocas palabras, independientemente de quién seas o de qué estés haciendo con tu vida en estos momentos, te voy a enseñar las creencias y los procesos de pensamiento básicos que harán imposible que no te hagas rico. Mejor aún, te doy todas estas lecciones a la vez que te permito que te saltes el dolor que normalmente se requiere para aprenderlas. Sencillamente, este libro te permitirá adoptar las creencias de las personas de éxito. Te dará el impulso para perseguir tus sueños y los conocimientos necesarios para hacerlo con confianza. Si has clavado los ojos en la puerta de la riqueza mientras te preguntabas cómo entrar, este libro te dará la llave… *si* sigues y realmente te crees todo lo que escribo. Si lees este libro y exclamas «Guay, esto parece que ha funcionado en su caso, pero… me encuentro en un lugar muy diferente al suyo» o «No estoy seguro que esto funcione conmigo», entonces no, este libro y estas creencias no funcionarán en tu caso. Así que, una vez más, te entrego la llave del éxito. Pero tú eres quien tiene que abrir la puerta.

He visto todos los tipos de historias de éxito posibles. Personalmente, he visto a una persona sin hogar ganar más de 50 millones de dólares en un solo año. He visto a un hombre, cuyos primeros 10 negocios quebraron, llegar a tener un patrimonio neto de más de 500 millones de dólares. He visto a antiguos miembros del Ejército convertirse en multimillonarios. He visto a chicos ricos que iban a la universidad hartarse de sus trabajos y hacerse ricos por sus propios medios.

He visto tener éxito a todo tipo de persona en casi todas las circunstancias que puedas imaginar. De hecho, la mayoría ni siquiera son inteligentes, y algunas, son casi *borderline.* Sin embargo, cada una de estas personas comparte el mismo conjunto de creencias, como yo. Además, cuanto más ceden ante estas creencias, más ricas se vuelven.

Son creencias que la gente pobre nunca entenderá ni comprenderá. Algunas personas pobres leerán este libro y me llamarán tonto. También me llamarán estúpido por querer pensar de esta manera, lo que refuerza por qué son pobres. No creen que nadie pueda salir y hacerse increíblemente rico. Desde luego, tampoco creen que la solución se pueda encontrar en su cabeza.

Sin embargo, está bien, porque pasarán el resto de su vida siendo pobres (o «acomodados») e infelices, mientras que tú pasarás el resto de la tuya trabajando duro (y de manera inteligente) y alcanzarás y superarás tus objetivos.

Mientras trabajan durante años para conseguir esa promoción, tú tendrás una promoción cada semana. Cuando estén contando centavos y haciendo presupuestos, tú estarás pensando en todo menos en dinero, porque tendrás mucho. Cuando tengan setenta y cinco años, mirarán atrás y desearían haber salido de su zona de confort, mientras que tú mirarás atrás y te alegrarás de haberlo hecho.

Así de importantes son estos conocimientos, creencias y mentalidades. Son tan poderosos que a lo largo de este libro me referiré a ellos como pilares. Al igual que los pilares que sostienen los monumentos griegos, sostienen todo lo que hace millonario a un millonario.

Cuando tengas estos pilares en la cabeza, tu mundo será un lugar diferente y nunca más volverá a ser como antes. Incluso podría pasar que te preguntaras cómo has podido vivir sin ellos.

Así pues, sin más preámbulos, comencemos.

Primer pilar

Rechaza hacerte rico lentamente

Una precisión: si para ti es nueva la idea de que puedes ganar todo el dinero que quieras y vivir una vida de verdadera libertad, entonces probablemente te voy a tocar un poco las narices. Esto se debe a que todo lo que te han enseñado acerca de tener éxito está equivocado. Sí, EQUIVOCADO (a menos que te lo haya enseñado un multimillonario que se ha hecho a sí mismo).

Tu padre estaba equivocado.

Tus abuelos estaban equivocados.

Tus profesores estaban equivocados.

Tus amigos probablemente sean idiotas y también están equivocados.

Las personas y la sociedad siempre están equivocadas.

Tú. Estás. Equivocado.

En serio. Dirígete por cualquier carretera a cualquier ciudad importante hacia las ocho de la mañana. Verás a decenas de miles de personas con educación universitaria atrapadas parachoques contra parachoques, sorbiendo sus cafés en tiendas de mierda y blasfemando. Sin duda, no es lo que quieren hacer a las ocho de la mañana cinco días a la semana. Están algo tristes, pero no creen que tengan otras opciones, por lo que viven esta vida todos los días hasta que se jubilan o mueren.

¿Parece un grupo de personas que lo tengan todo resuelto? ¿Parecen las mejores personas para enseñarte cómo ser financieramente libre? Si bien la respuesta obvia es no, es muy probable que los combatientes del tráfico te hayan dado consejos sobre lo que deberías hacer con tu vida desde que ibas a primaria.

Por mi parte, yo decido qué quiero hacer cada mañana. A veces me levanto a las cuatro de la mañana para trabajar y hablar con los desarrolladores. Otras veces me levanto hacia las seis y me paso cuatro horas jugando con el Fallout 4. Entonces, hacia las diez de la mañana, cuando todo el mundo ya ha abandonado la carretera, conduzco mi Ferrari hasta el supermercado para comprar fruta fresca para mi exprimidor.

Seguro que el párrafo anterior suena como si fuera un imbécil. Pero ¿sabes qué? Hago exactamente lo que quiero hacer cuando lo quiero hacer, y lo paso en grande haciéndolo. Me encanta trabajar. Me encanta jugar a videojuegos y hacer el vago. Me gusta todo, y lo hago cuando quiero. Y una cosa es segura: no me encontrarás cabreado y gritando a extraños en la carretera a las ocho de la mañana.

Ahora que sabes que ambos estilos de vida son posibles y alcanzables, ¿qué pasos —los de los combatientes del tráfico o los míos— preferirías seguir?

Volvamos a por qué la definición de éxito de los combatientes del tráfico, y lo que se nos ha enseñado durante nuestra vida sobre el tema, es al revés. Se nos dice que nos mantengamos en el camino recto y estrecho. «Te va bien en la escuela, ve a la universidad, consigue un buen trabajo, trabaja duro, ahorra la mayor parte de tu dinero y jubílate a los sesenta y cinco o setenta años». Ésta es la forma más coherente y de bajo de riesgo de alcanzar el éxito y la felicidad. ¡Todo lo que tienes que hacer es trabajar duro!

Luego se nos hace saber que iniciar un negocio es arriesgadísimo, increíblemente difícil o muy parecido a jugar a la lotería. O eres Mark Cuban[1] o Mark Zuckerberg,[2] o no lo eres. O tienes una idea brillante o sencillamente estás jodido. (No me malinterpretes, comenzar un negocio conlleva riesgos inherentes, pero son riesgos positivos. Los riesgos buenos son riesgos que puedes controlar con una previsión y una planificación adecuadas. Por otro lado, los riesgos malos son riesgos que permites que otras personas controlen por ti. Como verás en este capítulo, apegarse al camino de la sociedad hacia el éxito se basa en una serie de riesgos malos).

---

1. Mark Cuban es un conocido empresario estadounidense de origen judío, famoso por su participación en *Shark Tank*, que a los doce años empezó vendiendo bolsas para pagarse sus zapatillas de baloncesto. En la actualidad es propietario de los Dallas Mavericks, de la cadena de cines Landmark y de Magnolia Pictures, así como presidente de la cadena por cable HDTV AXS TV.

2. Mark Zuckerberg es un programador y empresario estadounidense, uno de los creadores y fundadores de Facebook. En abril de 2018 fue la persona más joven en aparecer en la lista de multimillonarios de la revista *Forbes;* con una fortuna de 73 200 millones de dólares, está considerada la quinta persona más rica del mundo. *(N. del T.)*

La idea de que comenzar un negocio «no te funcionará» es letal. Te robará tu vida y te dejará como un viejo donnadie medio rico en el mejor de los casos. En realidad, vivir esta vida de ocho a cinco es extremadamente arriesgado en el mal sentido. Permíteme explicar por qué esto equivale a una muerte prematura desde dos perspectivas diferentes: la financiera y la de la calidad de vida.

Hacerse rico lentamente

Así pues, supongamos que sacaste un promedio de excelente en secundaria, fuiste a una buena universidad, te graduaste con un sobresaliente *cum laude* y aceptaste un trabajo genial que te paga 70 000 dólares al año. También eres un trabajador fantástico. Entonces, en vez del aumento medio del 3 %, consigues un 5 o un 7 % cada año. Esto equivale a más de 100 000 dólares en 10 años y bastante más en 30 años. Eres un pavo con suerte.

Riesgo financiero y calidad de vida de hacerse rico lentamente

¿Es seguro? ¿Es inteligente? Veámoslo desde un punto de vista financiero.

En este momento estás en muy buena situación económica. A cambio de renunciar a cinco días de tu semana, todas las semanas…, siempre… podrás pagar tus facturas e incluso te podrás permitir algunos pocos lujos geniales de vez en cuando. Tú y tu familia estáis bastante contentos, sobre todo cuando comparas tu vida con la de tus viejos amigos y familiares que te daban consejos cuando eras más joven. Hiciste lo que te decían y acabaste teniendo una vida acomodada. Nunca podrás tener el Lamborghini que siempre has querido tener, ni ser multimillonario, ni viajar libremente por todo el mundo, ni tener algo que requiere una cantidad increíble de tiempo o de dinero para tenerlo o experimentarlo, pero lo harás muy bien de acuerdo con los estándares de la mayoría de las personas.

Todo lo que tienes que hacer es trabajar duro durante los próximos 30 años y luego jubilarte. Si ahorras el 50 % de lo que ganas después de impuestos (supongamos que una media de 120 000 dólares al año), tendrás 1,8 millones de dólares en ahorros para la jubilación. No está mal. En 30 años puedes ser rico y vivir de eso hasta que mueras (siempre y cuando no gastes demasiado).

Suena como una apuesta bastante segura. Sólo tienes que asegurarte de que no ocurra ninguno de los siguientes acontecimientos:

- Que te mueras en los próximos 30 años.
- Que te despidan de tu trabajo.
- Que te prejubilen.
- Que subcontraten tu trabajo.
- Que tu trabajo se vuelva obsoleto.

Y debes asegurarte de que ocurren los siguientes acontecimientos:

- La empresa para la que trabajas se mantiene exitosa.
- La economía se mantiene en buenos niveles.
- La moneda en la que ahorras se mantiene fuerte.
- Tus inversiones no se derrumban.
- No sufres ninguna enfermedad grave que te impida trabajar.

Sí, siempre que todas estas cosas funcionen exactamente a tu favor, serás algo parecido a un millonario dentro de 30 años. (Digo algo parecido a un millonario porque la verdadera idea de ser millonario no es preocuparse por el dinero. Si tienes que ahorrar cada centavo que ganas y luego ver cada centavo cuando te jubiles, en realidad no estás viviendo esa idea de ser millonario). Sin embargo, es muy probable que pase algo negativo. De hecho, en los veintitantos años que llevo vivo, todos los miembros de mi familia han sido despedidos por culpa de la economía, porque ha quebrado su empresa, etc. Entonces, si lo miramos desde un punto de vista puramente financiero, la mentalidad de riesgo bajo para hacerse rico lentamente o de ganar lenta pero constantemente la carrera es una mentira (o, me atrevo a decir, una estafa) y una receta para la ruina financiera.

Es una apuesta cien por cien «cruzar los dedos», según todas las definiciones. Por naturaleza, una apuesta es apostar por algo cuyo resultado no puedes controlar personalmente. Cada uno de los «asesinos de los ingresos» que he mencionado anteriormente está al cien por cien fuera de tu control, y todo aquello que debe mantenerse estable para que tengas éxito, como que la empresa para la que trabajas sea rentable, también está fuera de tu control. Por eso es tan arriesgado. Casi todos los factores que controlan tu vida están en manos de otra persona. Tu jefe, tu empresa, la economía o simplemente accidentes extraños…, tu bienestar financiero no lo decides tú, sino todos estos factores, y es por tu culpa, porque tu permites que esto pase.

No importa cuánto trabajes, cuánto dinero ahorres o cuán educado seas, siempre existe la posibilidad de llegue una ola y derribe ese castillo de arena financiero que has estado construyendo durante treinta años. Incluso es peor, cuanto más tiempo pases construyendo tu nido de jubilación, mayor será la posibilidad de que ocurran esos contratiempos que he mencionado. Es de sentido común que cuanto más tardes en desarrollar algo, más probable es que te salga mal simplemente por la cantidad de tiempo invertido en desarrollarlo.

Déjame que te lo explique. Imagina que estamos poniendo el tejado de una casa y si llueve todo el proyecto se arruinará. Si terminamos el proyecto en veinticuatro horas, hay muy pocas posibilidades de que llueva. En cambio, si necesitamos un mes para terminar el tejado, hay muchas más probabilidades de que al menos llueva un día y nos obligue a comenzar de nuevo. Lo que la gente está haciendo a nivel financiero es el equivalente a construir un tejado financiero durante treinta años y rezar para que nunca llueva.

Lo que debes entender es que *seguro* que lloverá… y probablemente lloverá varias veces a lo largo de tu vida. Así pues, no sólo esta mentalidad de hacerte rico lentamente es terriblemente arriesgada, sino que es casi imposible en la mayoría de las circunstancias. Ahora incluso es peor por la rapidez con que la tecnología está reemplazando a las personas en la fuerza laboral en combinación con el crecimiento poblacional…, aunque éste es un tema para otro momento.

Por horrible que parezca, ni siquiera he llegado a la peor parte de la mentalidad de la sociedad de enriquecerse lentamente. En lugar de centrarnos en la parte financiera de esta ecuación, centrémonos únicamente en la calidad de vida. Después de todo, a algunas personas no les importa el dinero y es posible que no quieran volverse ricas. Es posible que sólo deseen tener una vida feliz y sin estrés.

Supongamos que todo lo que acabo de decir no es cierto. Supongamos que el mundo es un lugar perfecto y nada malo te va a pasar. Nunca te pondrás enfermo ni te despedirán, y la empresa para la que trabajas siempre será rentable. Todo lo que tienes que hacer es trabajar duro durante treinta años y entonces podrás jubilarte. Eso no suena tan mal hasta que recuerdas algunas cosas.

En primer lugar, tendrás que pasarte los treinta años cuidando el bolsillo y viviendo un estilo de vida centrado en ahorrar dinero. Esto significa que toda tu vida será limitada, por lo que debes vivir con moderación.

Es posible que un viernes por la noche quieras llevar a tu pareja al mejor restaurante de la ciudad, pero en vez de eso la llevas a un asador del barrio porque «entra en el presupuesto».

Es posible que quieras viajar por Europa con tu familia, pero decides ir a la feria del condado o al parque de atracciones durante el fin de semana porque resulta mucho más barato.

Quieres conducir un Ferrari, pero te ves obligado a conducir un modelo de importación de segunda mano porque tener el automóvil que en realidad deseas no se ajusta a tu plan de ahorro de treinta años.

Así pues, seguro que podrás tener todo lo que necesitas y algunas cosas que deseas, pero en vez de gastar tranquilamente el dinero a cambio de artículos de lujo, te conformarás mental y físicamente con artículos «normales», como comida rápida o automóviles de gama media. Pero no sólo vivirás una vida moderada, sino que tu calidad de vida se irá al garete. En vez de centrarte en hacer grandes cosas en tu vida actual, te obsesionarás con ahorrar un dólar con vales descuento cuando vayas a comprar comestibles con la esperanza de tener dinero suficiente para retirarte un día… en algún momento entre dentro de veinte y cincuenta años a partir de ahora.

Pasas toda tu vida limitándote con la esperanza de un futuro acomodado. No me malinterpretes, no estoy abogando que vivas más allá de tus posibilidades. De todos modos, cuando sigues un estilo de vida para hacerte rico lentamente, lo estás haciendo todo menos vivir; eres un esclavo del dinero y nunca eres capaz de vivir la vida que realmente quieres vivir.

De hecho, con la mentalidad de hacerte rico lentamente, el único momento en el que realmente podrás sentarte y disfrutar de la vida será cuando tengas sesenta o incluso setenta años, y sólo *si* logras llegar a esa edad *y* sigues estando activo *y* sigues deseando todas las cosas que deseabas cuando eras joven. Ésta es la gran recompensa al final del túnel: ser viejo y tener suficiente dinero para vivir dentro de tus posibilidades hasta el día de tu muerte. ¿Qué tipo de recompensa es ésta?

Y todavía no he hablado de aquellas personas que dicen que viajarán (o se comprarán un coche nuevo o se mudarán a la ciudad de sus sueños) cuando se jubilen. ¿No preferirías viajar con veinte o treinta años (o cuarenta o cincuenta años) en lugar de tener que esperar hasta la jubilación, cruzando los dedos para que tanto tú como tu pareja sigáis gozando de buena salud para poder hacerlo? Si deseas hacer algo con tu vida, hazlo ahora. No tienes el futuro prometido y seguro que no quieres tener sesenta años y desear «haber vivido tu vida» a los veinticinco en lugar de haber ahorrado cada centavo para una jubilación que nunca has llegado a disfrutar.

Como si esto fuera poco, has renunciado al 71 % de tu vida más joven (5 días a la semana es el 71 % de la semana, que, a su vez, es el 71 % de tu vida) para poder «sobrevivir» o «sentarte acomodadamente» durante el último tramo de tu vida. Has renunciado al 71 % y has pasado tus años más jóvenes buscando «calderilla» entre los cojines del sofá, todo para poder tener algo de dinero cuando eres demasiado viejo para poder disfrutarlo.

¿Cómo afecta esto a la calidad de vida? ¿Cómo puede ser algo positivo renunciar al 71 % de tu vida, estresarte por el dinero y seguir un estilo de vida limitado? ¿De qué manera centrarte en el dinero en lugar de en el amor, la familia y la diversión equivale a tener una buena vida? Más aún, ¿cómo es pasar los años de vejez con la esperanza de que no te vas a quedar sin dinero antes de morir?

En resumen, amigo mío, no sólo enriquecerse lentamente es un plan de alto riesgo para la ruina financiera, sino que también reduce sustancialmente tu calidad de vida hasta el día de tu muerte.

Todo este capítulo está pensado para que te des cuenta de esto y enseñarte que hay una manera mejor. No tienes que dejar tu vida en manos de un sistema incontrolable e injusto. Y más importante aún, hay una manera de recuperar tu vida de este sistema y poner tu destino bajo tu control.

¿Recuerdas el ejemplo del escenario monetario que he mencionado antes? ¿Aquél en el que cumples 60 años con 1,8 millones de dólares en ahorros si se cumple el mejor escenario, viviendo una vida limitada antes de jubilarte? Después de revisar todo lo que acabo de explicar, suena bastante mal, ¿no?

Suena mal porque lo es. A los veintiséis años ya había alcanzado un patrimonio neto de ocho cifras (lo que significa que tenía mucho más 1,8 millones de dólares). En sólo dos años, pude lograr lo que a muchas personas les lleva toda su vida lograr. Con una inversión adecuada, podría vivir fácilmente de ese dinero hasta el día de mi muerte, mientras que ahora tengo libertad financiera y una calidad de vida extremadamente elevada.

Estás leyendo este libro porque probablemente quieras algo similar, pero por culpa de lo que te han enseñado durante toda tu vida, mis logros parecen una posibilidad remota para un tío de la calle. Probablemente también creas que hacerlo a mi manera es financieramente arriesgado y puede conducirte a un nivel de vida peor que el que ahora tienes.

Durante toda la vida nos enseñan que el emprendimiento (también conocido como «hacerse rico rápidamente») puede tener sustanciales recompensas. Sin embargo, también nos enseñan que es como jugar a una máquina tragaperras en Las Vegas y podríamos terminar arruinados y sin hogar, por lo que sencillamente es mejor seguir con la mentalidad de hacerse rico lentamente. Como he demostrado antes, la mentalidad de hacerse rico lentamente no sólo es una apuesta auténtica para tu presente y tu futuro, sino que también conduce a una calidad de vida global pobre o mediocre… en el mejor de los casos.

Veamos la mentalidad de hacerse rico rápidamente de la misma manera, desde un punto de vista de riesgo financiero y calidad de vida. Para que realmente tengas éxito, tienes que entender y creer lo que estoy a punto de explicarte. Por eso es el primer pilar de este libro.

Hacerse rico rápidamente

Antes de empezar, necesito que entiendas una cosa. Hacerse rico rápidamente es un riesgo extremadamente bajo por una y sólo una razón. TÚ LO CONTROLAS TODO. Sé que suena duro, equivocado o todo lo contrario de lo que crees, pero te lo explicaré. Sólo sigue leyendo.

Tu mente, lo que aprendes, lo duro que trabajas y todo lo que haces controla directamente cuánto dinero ganas. Es muy parecido a hacer ejercicio o jugar con un videojuego. Cuando empiezas, es muy probable que seas muy malo, te sientas frustrado y posiblemente incluso lo abandones. Por eso la gente lo considera demasiado difícil y demasiado arriesgado. Pues no lo es. Simplemente tiene una curva de aprendizaje muy inclinada y es probable que al principio falles.

Sin embargo, al igual que con un videojuego, si no abandonas, acabarás siendo bueno en eso. De hecho, si insistes en algo durante un par de años, serás muy bueno en eso. Guitarra, videojuegos, programación, sea lo que sea, acabarás teniendo un nivel de competencia bueno si insistes el tiempo suficiente, pones toda tu energía y concentración y tienes las herramientas adecuadas para dominarlo.

Ten en cuenta que esto no es como practicar un deporte donde sólo el 0,01 % de los jugadores son lo suficientemente buenos como para ganar una cantidad de dinero considerable. A menudo, en los negocios simplemente basta con ser competente para tener unos ingresos sustanciales. Esto queda fuera del tema que nos ocupa, pero oirás noticias falsas, como «sólo el 1 % de las empresas tiene éxito». La verdad es que la mayoría de las empresas son creadas y planificadas por personas que no piensan o no planifican correctamente, y la mayoría de las personas se rinden a los pocos meses porque se ha vuelto demasiado difícil o demasiado confuso. Gracias a los pilares de este libro, tendrás una gran ventaja sobre estas personas a medida que aprendas cómo iniciar un negocio que funcione con muy poco riesgo «malo».

Ahora, la buena noticia es que hacerse rico rápidamente sólo tienes que hacerlo bien una vez. Puedes equivocarte diez veces, hacer tu undécimo intento correcto y ser rico por el resto de tu vida si eres inteligente. De hecho, incluso si necesitas quince años para finalmente hacerlo bien, aún estás en una posición *mucho* mejor que la persona que se enriquece lentamente y que tiene que construir cosas durante treinta años, ahorrar mucho dinero y esperar que un desastre no evitable no suceda.

Así pues, las tres ideas clave para sacar de esto son:

1. Tú controlas tu vida.
2. Puedes mejorar en cualquier cosa.
3. Se te permite fallar.

Imagina una persona que acaba de cumplir 21 años. Consigue un trabajo de 30 horas a la semana en Costco[3] para pagar sus facturas o encuentra una manera *low cost* de vivir. Por cierto, con una gestión adecuada del dinero, es extremadamente fácil vivir con menos de 1000 dólares al mes (al menos cuando eres joven y soltero, y aún no has acumulado muchas deudas). Con unos 600 dólares al mes podía cubrir el alquiler, la alimentación y todo lo que necesitaba mientras me encontraba en este período de desarrollo de mi negocio. Pero volvamos a la historia.

Ahora, durante dos años esta persona intenta construir un negocio de baja inversión y elevado rendimiento (que explicaré más adelante en este libro) en aproximadamente 40 horas a la semana. Esto significa que trabaja unas 70 horas a la semana en total, lo cual es totalmente factible y bastante necesario al desarrollar un negocio.

---

3. Fundada en 1983 en Seattle, Costco Wholesale Corporation es la segunda cadena más grande del mundo en la categoría de comercio detrás de la también estadounidense Walmart y justo por delante de la francesa Carrefour. *(N. del T.)*

Más importante aún, en esta situación, su esfuerzo y su trabajo duro son factores importantes en su enriquecimiento; esos rasgos se encuentran cien por cien bajo su control.

Durante estos dos años, se equivoca una y otra vez. Sin embargo, sus medios de vida son extraordinariamente bajos, por lo que no le pasa nada realmente terrible cuando se equivoca. Simplemente lo intenta de nuevo de una manera diferente. Además, cada vez que se equivoca, descubre algo más que no funciona y mejora mucho cada vez que lo intenta.

Entonces, como he dicho antes, no pasa nada malo cuando se equivoca por cómo ha establecido su vida *y* mejora en lo que hace. Al mejorar, finalmente alcanzará alguna forma de éxito. Sólo es cuestión de tiempo. (Sólo un recordatorio: ¿conoces a personas que lo intentan y lo intentan, y nunca tienen éxito? Eso es porque se dan por vencidas y acaban renunciando. También es porque carecen de los pilares que te enseñaré a lo largo de este libro. Quizá te lleve diez años, pero si nunca te rindes, lo acabarás consiguiendo).

Después de estos 2 años, gracias a que ha trabajado muy duro y ha mejorado significativamente, su sexto intento tiene éxito. Comienza a generar 5000 dólares al mes y puede dejar su trabajo para centrarse en su negocio a tiempo completo.

Ahora dedica 60 horas a la semana únicamente a su negocio. Luego, replica lo que hace, lo expande y lo mejora. Dentro de 2 años, estará ganando 80 000 dólares al mes gracias a su negocio. Ahora es millonario y, con una inversión adecuada, puede vivir de este dinero por el resto de su vida. Todo ello en 4 años de duro trabajo.

He visto personas hacer todo este proceso en seis meses. También he visto a cientos de personas pasar de la nada a ser millonarias en dos años. Por lo tanto, por muy descabellado que esto te parezca, es posible, y sorprendentemente no es tan raro como crees. Si alguna vez asistes a uno de mis eventos o me sigues *online,* verás a cientos de personas que lo hacen. Puedes ver algunos de estos ejemplos en AlexBecker.org.

Ahora, demos un paso atrás y veamos esto desde el punto de vista de riesgo financiero.

Riesgo financiero y calidad de vida de hacerse rico rápidamente

¿Cuáles fueron sus riesgos para alcanzar este nivel de éxito? Prácticamente ninguno. Todo lo que tenía que hacer era mantener sus medios de vida bajos. Podría equivocarse varias veces porque estaba iniciando negocios de baja inversión y elevado rendimiento.

(Más adelante entraré en negocios de baja inversión y elevado retorno de la inversión, pero algunos ejemplos de este tipo de negocios son servicios de programación, diseño y *marketing*. Todos estos negocios únicamente requieren que aprendas y ofrezcas una habilidad. Para ofrecer estos servicios se requiere muy poca inversión en personal. Espero que puedas aceptar que no sólo es posible, sino también fácil de crear sin una inversión importante. Incluso puede ser gratuito en muchos casos).

Debido a esto, aunque sus posibilidades de fracaso eran elevadas cuando comenzó, fracasar no significaba que se quedaría sin hogar o que debería un montón de dinero de un préstamo. Y dado que no estaba haciendo frente a riesgos enormes, pudo ir mejorando con calma en su negocio y sus posibilidades de éxito crecieron y resultó inevitable. Cuando finalmente alcanzó el éxito, fue rica en un tiempo drásticamente más corto que la persona que se enriquece lentamente y sin la misma cantidad de riesgo real.

¿Ves como sus posibilidades de fracaso a corto plazo eran mayores, pero el riesgo general fue bajo en todo momento? ¿Ves también como sus ingresos y su futuro financiero estaban controlados únicamente por sus acciones en lugar de por las circunstancias incontrolables que sufre la multitud que se enriquece lentamente? Se trata nuevamente de un ejemplo perfecto de un buen riesgo que podemos controlar frente a un mal riesgo que se deja al azar de una tirada de dados mundial.

Hablando desde el punto de vista financiero, hacerse rico rápidamente puede tener un riesgo muy bajo si lo planificas de manera correcta. Además, si bien es posible que vivas financieramente limitado durante algunos años, acabarás llegando a un punto de completa libertad financiera, que es mucho más atractivo que vivir financieramente limitado durante la mayor parte de la vida adulta para enriquecerte lentamente. Ésta es también la razón por la cual hacerse rico rápidamente es fácil a cualquier edad. Iniciar determinados negocios *online* puede tener un coste muy bajo y estar casi exento de riesgos. El único desafío real es tener que reducir tu estilo de vida mientras esperas alcanzar el éxito, lo cual, una vez más, es sólo por un tiempo limitado.

Esto nos conduce al siguiente apartado: analizar la calidad de vida. Aquí es donde entran en juego las desventajas de hacerse rico lentamente. Como he mencionado antes, enriquecerse lentamente requiere que pases el 71 % del resto de tu vida en el trabajo. Independientemente de tus puntos de vista sobre el dinero, tu tiempo es el mayor sacrificio en el plan de hacerse rico lentamente. Entre los veinte y los sesenta años es la edad en la que es más probable que desees viajar por el mundo, educar a tus hijos, pasar tiempo con tu familia, perseguir tus sueños y aprovechar al máximo la vida.

La fría y dura verdad es que para cuando finalmente hayas ahorrado suficiente dinero para retirarte, la mayoría de esas cosas –si no todas– ya habrán pasado de largo. Peor aún, hay una posibilidad importante de que no puedas retirarte a los sesenta años por todas las caídas económicas que he mencionado antes. ¡Demonios! Puede pasar que ni siquiera vivas más de sesenta años o que te mueras una semana después de jubilarte. ¿Por qué aplazar todas las cosas que te gustan para una edad a la que ni siquiera llegues cuando puedes hacerlo ahora o en un futuro inmediato?

Para mí, perder el 71 % de los mejores años de mi vida es un pensamiento horrible. Lo peor de todo, renunciar a este tiempo no tiene garantizada una recompensa dorada al final del túnel. Nunca escapas de tener que vivir dentro de tus posibilidades. Tu vida entera es sólo una larga secuencia de preocupaciones en torno a billetes y monedas. Estás obligado a vivir una vida de restricciones en tres áreas separadas. Estas áreas son (de menos a más importante) lujos, estrés y elecciones.

En primer lugar, cuando juegas al juego de hacerte rico lentamente, pierdes de golpe los lujos materiales. Estás renunciando a comprar el coche de tus sueños, a viajar por el mundo, a comer en restaurantes caros sin estresarte y a vivir la vida de lujo con la que la mayoría de las personas sueña. No sé nada sobre ti, pero quiero pasar por la vida viendo y haciendo (y siendo propietario de) todas las cosas increíbles que tiene para ofrecer. Puede que no sea comprar un Ferrari o ser propietario de una isla, pero seguro que hay algo que deseas y sueñas que es caro. Tal vez quieras enviar a tus cuatro hijos a universidades caras, amortizar la casa de tus padres o pagar las facturas médicas de tu primo enfermo. Bueno, si juegas al juego de hacerte rico lentamente, tus sueños seguirán siendo sólo sueños, y tus lujos más locos nunca se harán realidad. Claro, es posible que te puedas comprar un buen coche y vivir libre de deudas, pero si cada día deseas algo que nunca se cumple, ¿es esto una calidad de vida decente?

En segundo lugar, y mucho más importante, se encuentra tu nivel general de estrés. Cuando vives en modo hacerse rico lentamente, tienes garantizado que sufrirás algún tipo de estrés por culpa del dinero. ¿Por qué? Pues porque tu vida se basa en vivir dentro de los límites de tu dinero. Facturas, cenas y otros gastos diarios te estresan porque sólo tienes tanto dinero porque trabajas.

El dinero puede comprar casi cualquier cosa, pero lo más importante que puede comprar es libertad del estrés financiero. Hasta el día de hoy, mi estilo de vida sólo cuesta una cuadragésima parte de mis ingresos mensuales y cada mes ahorro suficiente dinero para varios años. Tengo juguetes geniales y vivo divertidas aventuras, pero lo más importante es que no sufro estrés financiero en mi vida.

Cuando salgo a cenar, pido lo que quiero. Cuando llegan mis facturas, apenas me doy cuenta y definitivamente no preocupo por ellas. Y lo que es más importante, cuando me despierto, estoy centrado en vivir y no en sus gastos menores (o mayores). Siempre que sea inteligente con mi dinero, tendré la capacidad de pasar por la vida sin tener que preocuparme por ello.

Por el contrario, cuando te fijas en las personas que se están enriqueciendo lentamente, lo tienen todo menos esto. Los verás calculando atentamente las propinas de la cena, enfadándose porque les han cobrado veinticinco dólares más en la factura telefónica y viviendo sin crédito y estresándose por su capacidad crediticia. Bajar el aire acondicionado un par de grados o dejarse una luz encendida todo el día por un descuido no deberían ser experiencias emocionales. No he comprobado mi factura eléctrica en meses y no planeo hacerlo porque no me importa y no tiene ningún impacto sobre mi bienestar emocional. Vivir estresado por culpa del dinero disminuye drásticamente tu calidad de vida independientemente de quién seas.

Sin embargo, lo más importante de todo son las opciones y la libertad personal. A partir de ahora tengo muchas opciones. Podría escribir este libro o no. Podría levantarme mañana y trabajar todo el día o podría pasármelo jugando a videojuegos. Dentro de una hora podría estar sentado en un avión para ir a Europa o podría pasarme un mes entero sentado sin salir de casa. ¡Diablos, podría apagar mi móvil e ignorar a todo el mundo durante semanas si quisiera!

¿Por qué? Porque tengo libertad financiera, lo que me permite tomar decisiones sobre cómo vivir mi vida. Puedo *elegir* lo que quiero hacer y cuándo quiero hacerlo.

Cuando juegas al juego de hacerte rico lentamente, tus opciones son inmediatamente limitadas. Te tomas vacaciones cuando te dan permiso. Tienes que despertarte a una hora determinada para ir a trabajar y hacer tu trabajo. No puedes tomarte una semana libre cuando quieras e irte de viaje con tu pareja y tus hijos. No controlas tus elecciones: tu jefe y tu trabajo y tus responsabilidades controlan tus elecciones.

Lo peor de todo es que debes tomar tus decisiones únicamente en torno al dinero.

En estos momentos estoy poniendo todos mis esfuerzos en un canal de YouTube que está creciendo. No lo hago por dinero; he decidido hacerlo porque me hace feliz. Trabajar en mi negocio también me hace feliz. Cuando termino, puedo pasar el rato con mi novia o ver partidos de hockey durante horas. El dinero no es el único factor en mi toma de decisiones diaria, semanal o anual.

En mi opinión, para tener una buena calidad de vida tienes que estar feliz y contento con tus pensamientos y acciones. Cuando tus decisiones deben centrarse en el dinero, rara vez puedes elegir lo que te hace feliz. Por lo tanto, tu calidad de vida cae en picado.

Dicho esto, resumamos este capítulo.

Cuando vives la vida de una manera que te enriquece lentamente…

- Eres extremadamente propenso a sufrir dificultades financieras.
- Cedes el control de tu futuro financiero (también conocido como riesgos que no puedes controlar).
- Dejas que el 71 % de tu vida joven se vea monopolizado por el trabajo.
- Pierdes cualquier oportunidad de conseguir la vida de tus sueños.
- Vives toda tu vida bajo estrés financiero.
- No puedes tomar tus propias decisiones porque se basan únicamente en el dinero y el tiempo.

Y todo ello por la gran recompensa de poder sobrevivir (o con suerte, de vivir acomodadamente) cuando eres demasiado viejo para hacer lo que quieras en la vida.

En cambio, cuando vives la vida de una manera que te enriquece rápidamente…

- Controlas tu futuro financiero (lo opuesto a riesgo malo).
- Pasas el tiempo haciendo lo que quieres.
- Tienes una oportunidad real de conseguir todos los lujos que quieres (o al menos la mayoría de ellos).
- Tienes la oportunidad de escapar del estrés financiero.
- Puedes tomar tus propias decisiones porque se basan en lo que te hace feliz.

Ésta es la idea que *debes* sacar de este capítulo: dentro de cada persona de éxito hay una total y absoluta repulsión por enriquecerse lentamente. Las personas ricas que se han hecho a sí mismas entienden que la apuesta de menor riesgo es apostar por ellas mismas porque controlan el resultado.

Hasta que realmente internalices las ideas que he enumerado en este capítulo, será innecesariamente difícil alcanzar el nivel de éxito al que aspiras. La razón por la que te enteras de tantos emprendedores que pasan las de Caín (trabajando en un garaje, durmiendo en el suelo de una habitación, estando arruinados varias veces) es porque entienden este concepto. Ser pobre sólo es una situación temporal cuando controlas el resultado. Estos emprendedores están renunciando a unos pocos años de vida semiacomodada mientras trabajan en sus negocios para pasar el resto de sus años en el paraíso de hacerse ricos rápidamente.

Los emprendedores entienden que cuanto más trabajen en algo (incluyendo ganar dinero), mejor les irá. Equivocarse algunas veces es frecuente, pero si aprendes de estos fracasos y descubres por qué estos intentos no han tenido éxito, finalmente alcanzarás tu objetivo. Y la buena noticia es que sólo necesitas alcanzar tu objetivo una vez para ser rico de por vida.

Éste es el primer pilar de la riqueza. Sin él, nada más importa. Hasta que rechaces por completo la idea de hacerte rico lentamente y te comprometas con la idea de hacerte rico rápidamente, no tendrás el impulso necesario para hacer realidad tus sueños.

Segundo pilar

Separa tiempo y dinero

Estoy seguro de que alguna vez has oído la frase «el tiempo es oro», ¿verdad?

También es probable que hayas visto o hayas oído hablar de la película *El lobo de Wall Street,* ¿verdad? Bueno, si no es así, déjame que te cuente.

La película trata sobre un famoso magnate de Wall Street de la década de 1990 llamado Jordan Belfort que estafó cientos de millones de dólares a la gente. A los veintiséis o veintisiete años, ganaba más de 50 millones de dólares al año. Con los índices inflacionarios, esto equivaldría a más de 100 millones de dólares al año en 2015. En pocas palabras, Jordan sabía cómo generar dinero y lo generaba rápido.

Si viste la película, ahora recordarás que Jordan dedicaba prácticamente el 90 % del tiempo a consumir drogas duras, ir de fiestas y tener relaciones sexuales con prostitutas. De hecho, habitualmente iba tan colocado que ni siquiera sabía en qué planeta se encontraba.

Lo que quiero que aprendas con este ejemplo es que Jordan pasó el 90 % de su tiempo divirtiéndose, pero seguía teniendo unas ganancias ¡netas! de 100 millones de dólares al año. ¿Podemos aplicar a esto el dicho «el tiempo es oro»? No. Esto es porque el tiempo no siempre es oro. Si este dicho fuera completamente cierto, Jordan sería un indigente al cabo de seis meses, o ya no se hubiera vuelto rico.

En la película, la inmensa fortuna de Jordan no procedía de su inversión de tiempo. Procedía de su ejército de cientos de corredores de bolsa. Cuando Jordan se desmayaba borracho en Las Vegas, su gente hacía millones de dólares para él. Cuando Jordan hundió un yate de 25 millones de dólares, su gente ganaba millones de dólares para él. Cuando Jordan hacía algo, bueno o malo, su gente ganaba millones de dólares para él.

¿Y cómo consiguió todo esto? Jordan esencialmente creó un discurso de ventas absolutamente letal para acciones muy baratas. Luego se clonó cientos de veces haciendo que sus corredores de bolsa memorizaran este discurso. Y éstos pudieron vender este discurso miles de veces al día a las personas ricas de sus listados telefónicos.

Llegados a este punto, el tiempo de Jordan ya no jugaba ningún papel en la ecuación de la riqueza. Estableció un sistema (más parecido a una máquina) que funcionaba y generaba riqueza sin importar qué estuviera haciendo con su propio tiempo.

De hecho, en este punto, el único factor que controlaba su riqueza era cuán bien dirigía la máquina y las decisiones comerciales que tomaba. Una sola decisión generaba millones de dólares porque su máquina la llevaba a cabo. Este punto está clavado en casa, porque finalmente sus decisiones lo llevaron a prisión con un valor neto de 100 millones de dólares negativos. Para hacer tanto daño mientras estaba totalmente incapacitado por las drogas, tuvo que separar su creación de riqueza de su tiempo personal a un grado máximo.

Si bien Jordan tuvo que tener talento para construir tal esquema, pronto se cegó por su propia riqueza y su ego. En resumen, aunque algunas jugadas muy inteligentes lo colocaron en una posición de extrema riqueza, también tomó malas decisiones que afectaron a las otras facetas de su vida. Si has visto la película, casi todas las decisiones que tomó, excepto la configuración del esquema, fueron incorrectas. Si hubiera sido conservador en unas pocas áreas, probablemente se hubiera salido con la suya. Pero tomó mala decisión tras mala decisión y actuó sin pensar en las consecuencias.

Esto demuestra que incluso alguien que toma malas decisiones puede volverse increíblemente rico *si* comprende los pilares de la riqueza y cómo se crea la riqueza.

Jordan podría ser un estafador adicto a las drogas idiota, pero comprendió el segundo pilar de la riqueza tan bien que esos hechos no importaban. Jordan entendió cómo separar su tiempo de ganar dinero, lo que lo condujo a hacerse rico rápidamente.

(Antes de seguir, me gustaría decir que tengo mucho respeto por el hombre que hoy en día es Jordan. Tomó algunas decisiones muy equivocadas durante el período de tiempo que he mencionado antes, pero pudo dar un giro de ciento ochenta grados a su vida y hoy en día tiene algunas de las mejores formaciones en ventas del mercado).

Así pues, para repetirme y grabar de verdad esta idea en tu cerebro, una clave importante para hacerse rico es eliminar el tiempo de la ecuación. ¿Cómo se aplica eso en tu caso? Déjame que te explique.

Sólo hay una cosa que sea finita en un día: el tiempo. Donald Trump goza de la misma cantidad de tiempo que un hombre que vive en la calle. Y es igual quien seas: tienes veinticuatro horas todos los días para comer, dormir, trabajar, hacer ejercicio, aprender una nueva habilidad, pasar el tiempo con tu familia, estar de brazos cruzados en medio de un atasco, pegarte atracones de Netflix, preocuparte, pasar de todo o trabajar para conseguir un objetivo.

Debido a esto, hay un límite en la cantidad de trabajo que puede hacer una persona y, por lo tanto, en la cantidad de dinero que puede ganar. Esto nos deja con dos opciones.

Opción 1: incrementar el valor de nuestro tiempo

Esto es lo que hacen los abogados, los atletas profesionales y, en menor medida, los combatientes del tráfico. A estas personas se les paga por hora o por proyecto. LeBron James tiene tanto talento que un minuto de su tiempo puede valer miles de dólares. Sin embargo, al final del día, LeBron sólo tiene un cierto número de minutos. Aunque puede ganar una cantidad increíble de dinero, sus ingresos son limitados.

Ahora, el problema con esta mentalidad es que para que tu tiempo valga una cantidad increíble de dinero, debes ser INCREÍBLE en lo que haces. Y aunque seas el mejor pintor de tu ciudad o el mejor contable de tu comunidad, otras personas deciden cuánto vale tu tiempo (lo que explicaré más adelante en unos pocos párrafos).

En primer lugar, ser increíble es difícil y muchas veces queda fuera de nuestro control. Para ser el mejor en algo, debes ser increíblemente talentoso e inteligente. La mayoría de nosotros no somos increíblemente talentosos y tenemos un coeficiente intelectual medio. Estamos genéticamente descalificados al nacer. Tus posibilidades de hacerte famoso o de ser excepcional en algo hasta el punto de que tu tiempo valga tanto como el tiempo de LeBron James son escasas en el mejor de los casos. Es posible, pero es difícil e improbable. Sin embargo, así es como nuestros profesores, nuestras familias y nuestros colegas nos capacitan para pensar. Una hora de trabajo equivale a una cantidad X de dólares. Un año de trabajo equivale a una cantidad X de dólares. Tu vida es igual a una cantidad X de dólares.

En segundo lugar, alguien más tiene que estimar el valor de tu tiempo. Si de repente la gente dejara de ver baloncesto, el jefe de LeBron consideraría que su tiempo no vale nada y dejaría de pagarle millones de dólares al año. Si su jefe no cree que su tiempo valga más de 60 000 dólares al año, no le pagará más de 60 000 dólares al año.

Aunque establezcas tu propio sueldo como autónomo o como propietario de un negocio, algunas personas pueden rechazar tus servicios porque eres demasiado caro, lo que en el fondo significa que otras personas deciden qué vales. En pocas palabras, tus ingresos suelen estar bajo el control de otras personas. A medida que vayas leyendo este libro, verás que el control es uno de los conceptos más importantes para hacerse rico rápidamente.

Nada de esto supondría un problema si tuviéramos horas ilimitadas a lo largo de nuestro día para vender productos y servicios a las personas que están interesadas en adquirirlos. Pero no las tenemos. Y, de nuevo, la mayoría de nosotros somos «del montón» y, sencillamente, nuestro tiempo no vale tanto. Esto significa que estamos condenados a unos ingresos limitados por culpa del tiempo limitado y el bajo valor de nuestro tiempo. Además, independientemente de lo que hagamos, nunca podremos generar más tiempo, por lo que nuestros ingresos personales como trabajadores individuales no son expandibles y no podemos incrementarlos tanto como desearíamos.

Si seguimos pensando que tiempo equivale a dinero, hacerse rico rápidamente sería bastante desafiante. Por fortuna, tenemos otra opción.

Opción 2: separar completamente tiempo e ingresos

Indiscutiblemente, el discurso de ventas de Jordan Belfort era pura genialidad. Sin embargo, dudo de que estuviéramos hablando de él ahora si no hubiera expandido su negocio y hubiera difundido este conocimiento más allá de su propio cerebro. Incluso con un sorprendente discurso de ventas, si Jordan hubiese seguido manteniendo un negocio unipersonal, no se habría convertido en alguien tan rico. Es tan sencillo como esto. Esto es porque sólo hubiera podido hacer un número limitado de llamadas al día y sólo hubiera podido gestionar un número limitado de clientes sin ayuda.

El motivo por el cual acumuló riqueza tan rápidamente fue porque su primer paso fue separar claramente su tiempo de sus ingresos, lo que significa que sus ingresos no se basaban únicamente en su tiempo. Su tiempo era limitado y el valor de su tiempo sólo se podía incrementar hasta cierto punto. De hecho, sólo estaba ganando unos 70 000 dólares al mes cuando trabajaba por su cuenta. Esto se multiplicó rápidamente hasta varios millones al mes cuando cambió su modelo de negocio para incluir a más personas (o, más precisamente, se clonó cientos de veces pasándoles su discurso de ventas).

Por esto, cuando queramos hacernos ricos rápidamente, el primer paso es establecer un negocio en el que podamos separar nuestro tiempo del dinero. En vez de intentar incrementar el valor de nuestro tiempo como hace mucha gente, necesitamos expandir nuestro tiempo creando una máquina como hizo Jordan que genere ingresos independientemente de nuestro tiempo. A diferencia de ti, tu máquina puede trabajar prácticamente un número infinito de horas y terminar un número infinito de tareas gracias a los empleados y la tecnología. Una máquina como la suya puede hacer dinero mientras dormimos, mientras estamos de vacaciones e incluso mientras nos divertimos con nuestra pareja. En otras palabras, no te pagan por las horas que trabajas; te pagan mientras la máquina funciona.

En vez de dedicar el tiempo a trabajar, deberíamos pasar el tiempo creando sistemas que hagan el trabajo por nosotros. A menudo se conoce este término como ingresos pasivos. Los ingresos pasivos son ingresos que nuestra máquina genera una vez está desarrollada y completamente separada de nuestro tiempo. En resumen, esto significa que deberías estar generando dinero incluso aunque estés borracho en medio de un concierto de rock. Muy buena idea, ¿verdad? Ahora te muestro un ejemplo.

Cómo separo mi tiempo de mi negocio y mis ingresos

La mayoría de mis negocios se basan en el *software*. Los anuncios que envía la gente a mis sitios web, los propios sitios web, sus procesos de ventas y facturación, y el software se ejecutan sin que yo esté presente. Cada parte de este sistema requirió una cantidad significativa de tiempo para crearla. En cambio, llegados a este punto se requiere muy poco tiempo para mantenerla.

De hecho, tanto si vendo cien unidades como si vendo un millón de unidades, la diferencia de mi tiempo es muy pequeña. Esto es lo que me permite vender una cantidad ilimitada de unidades y generar virtualmente una cantidad ilimitada de ingresos. Si mi negocio me obligara a tratar con cada cliente, no habría forma de poder obtener un nivel tan alto de riqueza porque mi tiempo es limitado, por lo que la cantidad de personas a las que podría ayudar es limitada, lo que significa que mis ingresos serían limitados. Sin embargo, no es así. Independientemente de lo que esté haciendo con mi tiempo, la gente continuamente comprará y facturará por mi *software*.

En el fondo, lo único que limita mis ingresos es el tamaño del mercado y lo bien que vende mi sistema. Así pues, llegados a este punto, todo lo que tengo que hacer es asegurarme de que mi máquina funcione sin problemas. Y una vez que haya exprimido mi mercado, puedo fabricar otras máquinas en otros mercados. Este pilar y esta idea son así de simples.

Resumiendo, no hay un límite a cuánto dinero puedo ganar o a cuán lejos o rápido puedo llegar con mi negocio. Esto también significa que puedo vender mi negocio por toneladas de dinero…, pero hablaremos de esto más adelante.

Cómo separar tu tiempo de tu negocio o de tus ingresos

Cuando comiences con tu primer negocio, el valor de tu tiempo será extremadamente bajo…, a menos que seas un reconocido experto en algún campo. A medida que ganes más dinero, es probable que el valor de tu dinero aumente debido a tu experiencia en la generación de dinero. Pero, por el momento, supongamos que tus ingresos son una mierda. Sin un jefe, un empleo o fama o reconocimiento debidos a tu experiencia, tu tiempo vale muy poco.

Debido a esto, debes encontrar un proceso que funcione y luego clonarte lo más rápido posible para que este proceso se pueda repetir una y otra vez, ya sea que estés personalmente involucrado o no (al igual que Jordan Belfort y yo hicimos).

Ahora bien, clonarnos y crear una máquina puede significar muchas cosas. Una máquina podría ser simplemente un sitio web con un sistema de entrega automatizado (que es muy barato de crear). Una máquina también podría ser contratar personal de ventas o empleados para replicar una tarea. Separar el tiempo del dinero no es únicamente una tarea, por lo que no puedes verlo como un objetivo único.

Tu primer objetivo al separar el tiempo del dinero es simplemente encontrar un proceso que funcione. Por ejemplo, si estás tratando de vender bienes inmuebles, tu primer paso consiste en crear un proceso de ventas que funcione. Más adelante, cuando tengas un proceso que funcione, necesitas encontrar una manera de separar tu tiempo automatizando la mayor parte posible de tu negocio para que no te paguen por el tiempo que pasas trabajando.

Ejemplos de esto serían crear un sitio web que gestione las citas con los clientes, publicar anuncios que atraigan clientes y contratar a otras personas para que vendan los bienes inmuebles por ti. Es un sistema bastante simple, pero puedes ver cuán simple puede ser separar tu tiempo. En este punto, si logras clonarte sólo cuatro veces con cuatro nuevos empleados, puedes aumentar tus ingresos al menos cuatro veces sin mover un solo dedo.

O bien supongamos que te metes en el *marketing* por Internet y compras anuncios que promocionan anuncios de otras personas. Y por cada producto que vendes, consigues una comisión del 50 %. Si logras que sea rentable, sólo hay un determinado número de anuncios que puedes gestionar y un determinado número de ingresos que puedes conseguir. Si contratas personal para copiar tu proceso de publicidad en otros mercados, puedes duplicar o triplicar de manera efectiva tus ingresos por cada miembro que incorpores. Has creado el primer proceso para ganar dinero y luego has quitado tu tiempo clonando y automatizando este proceso.

¿Me sigues? ¿Entendido? Bien. Ahora, en lugar de sólo hablar de ello, veamos algunos pasos prácticos del mundo real que puedes seguir ahora mismo para incorporar este pilar a tu vida.

Hora de cortar el rollo: cómo convertir estas ideas en pasos prácticos

¿Quieres saber lo que odio? Cuando abro un libro de negocios y todo lo que el autor me puede ofrecer son ideas. Para que una idea o una mentalidad sea práctica, debe haber pasos del mundo real sobre cómo ejecutarla y lograrla. Por lo tanto, al final de muchos capítulos de este libro, incluiré los pasos que puedes seguir para implementar mis ideas, ya seas un principiante en el mundo de los negocios o el dueño de una empresa exitosa.

Haré esto en todos los capítulos en los que sea necesario. Algunos de los pilares se pueden aplicar tanto si eres un principiante como si eres un veterano, mientras que otros se deben aplicar de manera diferente dependiendo de dónde te encuentres en tu negocio. Por lo tanto, algunos pilares tendrán consejos para principiantes y veteranos y otros no.

Separar tiempo e ingresos en el caso de un principiante completo

Si eres totalmente nuevo en el emprendimiento, es probable que aún estés intentando asimilar el hecho de que puedas ganar dinero sin trabajar realmente. La buena noticia es que puedes utilizar esta idea cuando planifiques tu primer negocio para poderlo hacer correctamente en tu primer intento.

Cuando empieces tu primer negocio, el primer paso es decidir qué tipo de negocio te gustaría iniciar. Es posible que ya tengas una idea, pero si no la tienes, no te preocupes porque lo abordaremos más adelante en el libro. Lo importante que debes recordar es que *debes* aplicar esta mentalidad a cada negocio que inicies.

Si piensas en un negocio potencial, debes hacerte las siguientes preguntas antes de meterte de lleno:

1. ¿Puedo ganar dinero con este negocio mientras no estoy presente?
2. ¿Pueden llevar a cabo este proceso de hacer dinero otras personas o bien se puede se automatizar con máquinas?
3. Si este negocio resulta exitoso, ¿podría capacitar a alguien más para que lo lleve a cabo?
4. ¿Sería posible hacer que el proceso de lograr cien dólares en ventas sea el mismo que el de lograr un millón de dólares en ventas? ¿Puedo ampliar este negocio sin tener que aumentar mi implicación?

Si tu idea de negocio puede superar todas estas preguntas con un «¡Sí!», ya puedes saber por dónde van los tiros. Si no es así, no es un negocio que debas considerar a largo plazo, porque si bien un negocio que no responde positivamente a todas estas preguntas *puede* generar dinero, requerirá que cada vez le dediques más tiempo y empeore con ello tu calidad de vida. Peor aún, te impedirá tener tiempo para buscar otros negocios que sí superen la prueba anterior y podría evitar que ganes más dinero en menos tiempo.

A partir de ahora, cuando tengas una idea, repasa estas preguntas y mira si puedes imaginar una manera de organizar el negocio para que supere la prueba. Algunos negocios que suelen basarse en tu tiempo pueden organizarse de manera diferente para crear un negocio *time-free* (libre de tiempo). Sólo tienes que pensar de un modo un poco más firme e inteligente al elaborar tus ideas de negocio.

IMPORTANTE: Ten en cuenta que ningún negocio será *time-free* al principio. La mayoría de los negocios *time-free* requieren mucho más tiempo al principio que los negocios que no son *time-free*. La clave consiste en crear siempre negocios que evolucionen hacia un negocio *time-free*. Las cuatro preguntas anteriores te permitirán saberlo.

Separar tiempo e ingresos en el caso de un propietario de negocios experto

Es la pregunta del millón. Hay innumerables emprendedores que ganan cientos de miles de dólares al año, pero que tienen que pasar más de sesenta horas a la semana manteniendo sus negocios. Esto no sólo les impide progresar y hacerse multimillonarios, sino que también les impide tener opciones en su vida. Si bien estas personas pueden ser dueñas de sus negocios, pueden ser esclavas de ellos y del dinero que generan. En ningún momento pueden dejar que sus negocios funcionen solos. Es un problema grave porque separar tiempo y dinero es esencial para hacerse verdaderamente rico y tener una elevada calidad de vida.

Por ejemplo, tenía un amigo que ganaba más de 200 000 dólares al mes con su negocio de *marketing*. Sin embargo, era la única persona que lo gestionaba y tenía que dedicar al negocio una parte muy importante de su tiempo. No podía ganar más dinero porque su tiempo había llegado al límite.

Si bien ganaba mucho dinero, no era libre para aprovecharlo porque necesitaba el tiempo para gestionar su negocio. ¡Trabajaba tanto que apenas tenía tiempo para disfrutar de su dinero!

Esto es muy frecuente. Puedes verlo con abogados, médicos, quiroprácticos, proveedores de servicios, entrenadores personales... y la lista sigue y sigue. El motivo principal por el cual no logran salir de este círculo vicioso es porque no tienen ni idea de cómo automatizar las cosas o de cómo entregar las riendas a otras personas, o bien no quieren perder ganancias contratando a otras personas. Para responder a esto, te explicaré una historia breve que siempre les cuento a amigos y extraños por igual.

Hay dos personas que trabajan en *marketing*, Joe y Nick. Ambos ganan 100 000 dólares al mes, pero quieren ganar 200 000 dólares.

Joe se encarga de *todo,* porque es demasiado terco para contratar personal. Trabaja doce horas al día y está orgulloso de ello. Pero como trabaja doce horas al día gestionando su negocio, le pasan algunas cosas:

1. Es un profesional del *marketing,* pero como dedica su tiempo al diseño, el soporte y la programación, tiene muy poco tiempo para concentrarse únicamente en hacer avanzar su negocio.
2. Dado que su tiempo se reparte de cinco formas diferentes, el trabajo que hace nunca puede ser el mejor entre los mejores en un área en particular. Después de todo, sólo dispone de doce horas al día.

Por otro lado, Nick separa 30 000 de sus 100 000 dólares mensuales y contrata a un desarrollador (10 000 dólares), a un diseñador (5000 dólares), a un equipo de soporte (5000 dólares) y a un creador de contenidos (10 000 dólares) para que lo ayuden con el negocio.

Nick se despierta todos los lunes por la mañana y se sienta con su equipo para asegurarse de que todos los miembros sepan exactamente qué tienen que hacer. Sumadas, estas sencillas conversaciones implican más de cuarenta horas de trabajo de todo el equipo, frente a las doce de Joe.

Cada parte del negocio de Nick corre a cargo de un experto en el campo que se centra únicamente en esa área, por lo que el trabajo es de una calidad mucho mayor.

Más aún, Nick puede pasar el día pensando en cómo mejorar el negocio y progresar. Entonces, en vez de pasar doce horas al día gestionando, pasa ocho horas centrado en su negocio.

A final de mes, Joe (que no se toma los fines de semana libres) ha dedicado 360 horas (12 horas al día) en su negocio y al menos la mitad las dedica a administrarlo.

Por otro lado, Nick (que se toma los fines de semana libres junto con su personal) y sus empleados han podido dedicar 1200 horas de trabajo experto en su negocio.

Mirando únicamente las cifras, el negocio de Nick crece sólo por el número de horas dedicadas y el tiempo que invierte en hacer crecer el negocio no es tan limitado como en el caso de Joe.

Mientras el negocio crece, Nick continúa gastando al menos el 30 % de sus ganancias en contratar personal y en dos años el negocio gana un millón de dólares al mes. Después de dar aumentos a sus empleados y contratar alguno más si es necesario, Nick se lleva a casa 700 000 dólares al mes, y todo ello trabajando las horas normales.

Entonces vende su negocio por 50 000 de dólares y se retira. Su tiempo nunca fue necesario para que el negocio funcionara con éxito, por lo que fue fácil venderlo.

Por su lado, Joe consigue ganar 200 000 dólares al mes, pero llega hasta el punto de tener que dedicar todo su tiempo a administrarlo, por lo que se para allí. Entonces pasará una de estas cosas:

1. Joe se ve obligado a trabajar doce horas diarias para siempre. No puede vender su negocio porque se basa en su tiempo.
2. Aparece un competidor que puede moverse mucho más rápido que Joe y hace un producto superior al de Joe. Simplemente, no puede seguir el ritmo y es expulsado del negocio.
3. Joe se toma un descanso durante unas semanas. Cuando vuelve, el negocio está perdiendo dinero por su ausencia. Un día está tan agotado que se toma un descanso demasiado largo y todo el negocio se va al garete por un cambio en las tendencias del mercado.

¿Quién preferirías ser?

Lo que debes tener en cuenta es que, como propietario de un negocio (en casi todos los casos), gastar inteligentemente grandes cantidades de tus ganancias para hacerlo crecer casi siempre hace aumentar el beneficio global. Es mucho mejor tener un margen de beneficio del 30 % en un negocio que puede llegar a generar 10 millones de dólares al año y venderse por decenas de millones de dólares, que tener el 100 % de un negocio no vendible que se estanca en 200 000 dólares al año.

Lo que debes hacer es mirar tu negocio y plantearte una serie de preguntas, que son similares a las preguntas para principiantes, pero dirigidas a personas que ya tienen sus propios negocios.

1. ¿Qué parte de mi negocio puede ser automatizado con personal o tecnología?
2. ¿Hay alguna manera de hacer que las personas con las habilidades requeridas trabajen para mí y vendan su tiempo en lugar del mío?
3. ¿Qué habilidades necesarias para hacer crecer este negocio me faltan y qué habilidades deben tener mis nuevos empleados?

Ahora te muestro un par de ejemplos de cómo aplicar estas preguntas a los negocios autónomos.

Ejemplo A:

Un quiropráctico muy bien considerado dirige un consultorio que requiere 60 horas a la semana para mantener unos ingresos de 200 000 dólares al año. Automatiza su servicio abriendo una clínica y contratando a otros quiroprácticos que él mismo forma para mantener una calidad constante. Más adelante abre numerosas clínicas bajo esta marca. Por último, contrata un director de publicidad que será responsable de atraer nuevos clientes.

Ahora tiene 5 clínicas cada una con 3 quiroprácticos que generan unos 100 000 dólares al año en ganancias. Actualmente gana un millón y medio de dólares al año sin tener que tratar a un solo paciente.

Este mismo formato se puede aplicar a muchas otras profesiones, como abogados, masajistas y especialistas en *marketing*.

Ejemplo B:

Un famoso chef de hamburguesas trabaja 80 horas a la semana para mantener en su restaurante unas ganancias de unos 200 000 dólares al año. Tiene una gran marca y recetas increíbles. Decide vender su marca y crear una cadena. También automatiza las ventas de todas estas cadenas a través de un sistema automatizado de entrega *online.* A cambio del 40 % en *royalties,* estas cadenas pueden utilizar su marca, sus recetas y su sistema de entrega.

Ahora, este chef de hamburguesas tiene unas 200 hamburgueserías, cada una de las cuales le genera unos 10 000 dólares de ingresos mensuales. Ahora gana 2 millones de dólares al mes sin tener que preparar ni una hamburguesa.

¿Pillas la idea? Con una automatización y una planificación comercial adecuadas, cualquier negocio que requiera mucho tiempo puede convertirse en una máquina de hacer dinero separada del tiempo. Aunque ya estés afianzado en un negocio que requiere mucho tiempo, existen maneras sencillas de separar tu tiempo de tus ingresos.

Es hora de recuperar tu tiempo

El tiempo es lo único de lo cual nunca puedes generar más, y cada ser humano tiene exactamente la misma cantidad cada día. Para hacerte rico, debes aprender a generar más tiempo contratando personal (o construyendo máquinas), utilizando tu tiempo como propio y usando tu tiempo para hacer crecer el negocio. Si te fijas en las empresas más rentables del mundo, el tiempo del propietario suele estar tan separado que ni siquiera tiene que estar allí. Todas las personas de éxito que conozco comprenden esto y los más ricos son los que abusan de ello. De hecho, las personas más ricas del mundo ganan dinero con su dinero y tienen cero implicación de tiempo. Bill Gates, por ejemplo, gana miles de millones de dólares con sus inversiones dejando que sus dólares generen dinero para él. Su dedicación no es un factor en los negocios que le hacen ganar millones. Si no separas tu tiempo de tus ingresos, será casi imposible que seas tan rico como quieras.

¡Tenlo en cuenta!

Tercer pilar

Acepta que tienes que ser mejor que todos los demás

En este capítulo, para expresar mi punto de vista, quiero hablar de una pequeña industria de carreras de la que quizás hayas oído hablar: la NASCAR.[4]

Ahora quiero que te imagines que has sido teletransportado a otro universo donde eres un prometedor piloto de NASCAR. También mágicamente, se te ha dado el talento de un piloto de élite. Sigue imaginando conmigo…

Por alguna extraña razón, los patrocinadores de la NASCAR te quieren. Tienes el vehículo más evolucionado, el mejor equipo de mecánicos y, además, tu coche tiene unos complementos ilegales que hacen que vaya 5 km/h más rápido que cualquier otro coche (una diferencia enorme cuando se trata de una competición). En la vida real, los complementos ilegales no son frecuentes. Pero imaginemos que eres tan genial que a nadie en la NASCAR le importa.

Todo va a tu favor, excepto que tienes un problema: tienes baja autoestima y no crees que vas a ganar, lo que hace que tengas miedo de conducir rápido y correr riesgos. De hecho, crees que eres bastante normal y que eres todo menos un ganador. Ni siquiera estás seguro de por qué estás en este escenario. La pregunta que

---

4. Evidentemente, el autor recurre a la ironía, ya que la NASCAR (siglas de National Association for Stock Car Auto Racing, Asociación Nacional de Carreras de Automóviles de Serie) es la competición automovilística más comercial y popular de Estados Unidos. Los coches que participan, que suelen correr en circuitos ovales, son de serie y tienen motores fabricados únicamente por Toyota, Ford y Chevrolet, lo que asegura un nivel parejo para todos los pilotos. *(N. del T.)*

quiero formularte en este escenario es: incluso con las ventajas que tienes, ¿crees que eres el único corredor con posibilidades de ganar? Con otros 99 corredores, literalmente tienes un 1%.

Piensa en ello un segundo.

Si durante la carrera tienes la posibilidad de un adelantamiento un poco arriesgado, ¿lo vas a intentar? No, porque crees que eres un conductor mediocre y no tienes fe en lograrlo.

Si hay un momento durante la competición en el que compites con otros tres corredores, ¿te esforzarás más para ganarlos o disminuirás la velocidad para ser prudente? Es muy probable que seas presa del pánico y disminuyas la velocidad, porque no crees que tengas talento para competir. Si tratas de adelantarlos, puedes perder el control o, peor aún, chocar con alguno de los coches. Es mejor mantenerse a salvo que hacer frente a las consecuencias de esforzarse mucho, ¿verdad? FALSO.

Durante la carrera, ¿vas a enfrentarte a desafíos y hacer movimientos que haría un gran corredor? ¡No! Intentarás ir por el camino más tranquilo y coherente, y esperarás tener suficiente suerte como para ganar.

¿Te parezco duro? ¿Te enfadas conmigo y piensas «Alex, no soy este tipo de persona. Trabajo duro, pero siempre fallo»? Bueno, la cruda realidad es que probablemente no necesitarías leer este libro si tu miedo al fracaso y tu deseo de comodidad no te impidieran el éxito. Si de verdad quieres tener éxito, desarrollar tu negocio debe ser tu prioridad número uno en la vida. Si no es tu prioridad número uno, ningún problema; pero en este caso debes aceptar que es muy poco probable que te conviertas en multimillonario. En lugar de poner excusas todo el tiempo, confiésate a ti mismo que la familia o la comodidad o la pereza o vivir una vida «normal» son prioridades más importantes que hacerse rico.

Volvamos a la historia. Sólo por lo que he expuesto antes, puedes ver que, incluso con todas las ventajas del mundo, no tendrás éxito si no crees que tendrás éxito. Si crees que ganarás la carrera, es probable que la ganes. Si crees que no hay ninguna posibilidad de ganar la carrera, te puedo garantizar que no ganarás a menos que los otros noventa y nueve coches sean alcanzados por un rayo en el mismo instante. Tener el talento y las herramientas para ganar no significará absolutamente nada a menos que te creas que estás entre los mejores pilotos. Tienes que creerte que perteneces a la élite y en el fondo de tu corazón tienes que pensar que eres mejor que tus rivales. Si no lo haces, no tomarás las decisiones adecuadas ni aprovecharás las oportunidades que se te presenten para batir a todos tus rivales y ganar.

Mis preguntas para ti son: ¿crees que eres grande? ¿Tienes ventajas que otros no tienen? Si te metieras en una habitación con otras noventa y nueve personas que tratan de hacer lo mismo que tú haces, ¿serías el mejor, el más inteligente, el más competente y el más capaz de la habitación?

Si tu respuesta es no, o un no dubitativo, lo siento, pero estás al 100 % jodido. Estadísticamente, menos del 1 % de los individuos se consideran millonarios.

Al querer hacerte rico, también estás diciendo que quieres aceptar el desafío de ser mejor ganando dinero que el 99 % de las personas de este planeta. Simplemente por intentarlo ya tendrás que aceptar el hecho de que no debes ser bueno, sino que debes ser increíble. Si piensas diferente, ya has terminado antes de comenzar. Si formas parte del 99 % y no cambias tu sistema de creencias, todo este libro será una divertida e ilusionante lectura para el cuarto de baño.

Si me formularas las preguntas de unos párrafos antes, mi respuesta a todas ellas el 100 % de las veces sería un sí seguro. *Sé* que soy extraordinariamente bueno en lo que hago y que soy mejor para ganar dinero que el 99 % de las personas de este mundo. Puedo pensar más rápido, moverme más rápido y aportar mejores ideas a mi mercado que casi cualquier ser humano que haya conocido.

También lo puedo demostrar estadísticamente. Conocí a cientos de personas cuando estaba en secundaria. De todas estas personas, soy el único millonario. Si cogieran a cien personas de mi escuela y nos metieran en una especie de *Juegos del hambre*[5] del dinero, las mataría despiadadamente a todas. Mejor aún, si cogieran a cada una de las personas de mi escuela y las hicieran competir contra mí en lo que hago para ganar dinero, no tendrían ninguna posibilidad de superarme.

No me avergüenza admitir que sí, soy mejor ganando dinero que el 99 % de las personas. Ahora bien, no confundas confianza con arrogancia. Sé de lo que soy capaz, y esta confianza es lo que me ha permitido tener éxito. Si fuera el piloto de NASCAR de mi ejemplo anterior, aprovecharía todas las oportunidades que tuviera para ganar la carrera porque realmente creo que soy el mejor de los cien pilotos y puedo manejar cualquier situación que se me presente.

---

5. *Los juegos del Hambre* es una trilogía de novelas juveniles de ciencia ficción escrita por Suzanne Collins y llevada al cine. En un mundo futuro, cada año veinticuatro adolescentes de entre doce y dieciocho años son elegidos al azar para pelear a muerte en un programa televisado hasta que únicamente sobreviva uno. *(N. del T.)*

Y este sencillo pensamiento es inmensamente poderoso y casi todo lo que se necesita para ganar dinero. La creencia de que eres grande y aceptar el hecho de que debes ser grande es el tercer pilar. De hecho, si sólo recuerdas un pilar de todo el libro, asegúrate de que sea éste. Como verás en el resto de este capítulo, este pilar puede ser lo suficientemente poderoso como para crear una enorme riqueza. Pero sin el apoyo de los otros pilares, casi siempre conduce a una pérdida enorme de riqueza.

Lo que más frena a las personas es creer que son del montón o que no son lo suficientemente buenas

Siempre explico a la gente qué hago y cómo gano dinero. También les explico maneras en las que pueden ganar dinero con bastante facilidad. Les explico que cualquiera puede hacerse rico con el sistema de creencias correcto y las herramientas adecuadas. Luego les doy ideas sobre cómo crear riqueza.

Les digo que hagan *software*.

—Bueno, no sé programar.

Les digo que aprendan a vender y que vendan algo, cualquier cosa.

—No me siento cómodo vendiendo.

Les digo que empiecen un negocio *online*.

—No soy tan bueno como tú en cosas de Internet.

Sí, son respuestas reales de personas reales que piensan que son del montón, no lo suficientemente inteligentes o no lo suficientemente capaces para superar retos. Estas personas no creen que puedan lograr nada porque no creen que se lo merezcan. Por culpa de esto, nunca actúan ni asumen riesgos, y por eso nunca alcanzan sus objetivos. Simplemente continúan con sus vidas como vulgares «combatientes del tráfico» que nunca se vuelven ricos.

Sin embargo, si realmente crees que eres grande, todo cambia. ¿Qué tal si le decimos a una persona que piensa que está (o que se merece estar) en el 1 % lo mismo que le hemos dicho a la gente que se encuentra en el 99 %?

Deberías hacer *software*.

—No sé programar, pero indudablemente puedo aprender o, al menos, encontrar la manera de pagarle a un desarrollador para que haga *software* para mí.

Deberías aprender a vender.

—Vender me hace sentir muy incómodo, pero puedo aprender a superarlo y convertirme en una máquina de ventas.

Deberías comenzar un negocio *online*.

—Hombre, ni siquiera sé cómo la gente gana dinero *online*. Pero si otras personas pueden hacerlo, entonces seguro que yo también puedo aprender cómo hacerlo.

Lo curioso de esto es que la persona de este ejemplo podría ser un idiota totalmente equivocado, pero como cree que es genial y capaz, adoptará medidas que la persona anterior nunca adoptaría. Si cambia su vida para que cada medida que tome y cada pensamiento que tenga lo conduzcan a lograr sus objetivos, entonces nada puede evitar que lo consiga. Así, un día tendrá el éxito suficiente como para que cientos, miles o incluso millones de personas acuerden que es genial y capaz.

Como puedes ver, tener esta sencilla creencia puede hacer que un imbécil se haga rico, mientras que su ausencia puede hacer que un genio sea pobre. Todos los días pongo la televisión y veo personas del montón (o incluso por debajo de la media) haciéndose ricas con ideas normales. Lo único que las separa de otras personas del montón es la creencia de que pueden conseguirlo. Pasa siempre. Sólo tienes que pasear por un centro comercial y observar todas las ideas estúpidas que se proponen en las estanterías. ¡Diablos, sólo tienes que mirar un episodio de *Shark Tank*[6] y ver algunas de las horribles ideas que aparecen allí y en las que a veces se invierte! ¿Sabes qué? Por estúpidas que sean algunas de estas ideas, esas personas realmente creen en sí mismas y esa creencia las conducirá al éxito futuro.

¿Recuerdas la batamanta? ¿Qué pasa con los anillos del humor o ese espeluznante pez de pared que canta?[7] Todas ellas ideas estúpidas (o ideas brillantes, según cómo las veas) que hicieron que quien las tuvo ganara millones de dólares. Al final del día este pilar es muy poderoso. En realidad, es aún más poderoso en

---

6. Programa estadounidense de telerrealidad que muestra concursantes aspirantes a emprendedores presentando negocios a una serie de inversionistas que acabarán decidiendo si invertir en ellos o no. Estrenado en 2009, se ha estrenado en algunos países de habla hispana con el subtítulo de *Negociando con tiburones*. (N. del T.)

7. La batamanta es una simple manta con mangas que se convirtió en un verdadero fenómeno viral, ya que al poco tiempo de aparecer en un anuncio de teletienda se vendieron más de 20 millones de unidades. El anillo del humor es un anillo fabricado con elementos termocromáticos que cambia de color según la temperatura corporal del usuario y que se convirtió en todo un fenómeno social en la década de 1970. Finalmente, el pez de pared que canta es un animatrónico muy popular en Estados Unidos durante la década de 2000 que imita un pez disecado de gran tamaño y que mueve la cabeza y la cola al ritmo de la canción. (N. del T.)

manos de un tonto, porque es capaz de cegarse de esa cosa llamada «lógica» y está ansioso por correr riesgos y oportunidades que ninguna persona en su sano juicio jamás correría.

En el otro extremo de este espectro, de vez en cuando hay historias sobre multimillonarios que pierden todo su dinero. Conozco a un tipo que vendió su negocio por 70 millones de dólares y compró una isla. Sin embargo, dos años después tuvo que volver a trabajar de ocho a cinco porque se arruinó. El motivo por el que pasa esto es que carecen de los pilares restantes que comentaré en este libro. Puedes ver cuán poderosa puede llegar a ser esta creencia (este pilar) para crear riqueza, pero también puede destruirla si careces de las demás. Incluso un imbécil puede tener suerte con una idea, pero rara vez mantendrá su riqueza si no se vuelve inteligente.

La razón por la que sigo utilizando palabras como «idiota» o «imbécil» es porque estas son las personas que están tan cegadas por la fe que persiguen objetivos que nadie en su sano juicio perseguiría. Persiguen cosas que sólo un tonto o un imbécil harían. Estoy seguro de que tienes algún amigo que persigue constantemente un sueño a pesar de lo que todo el mundo le dice. O mejor aún, estoy seguro de que conoces a alguien que está ciegamente seguro de sí mismo a pesar de que su historial de éxitos es horrible.

La cuestión es que estos imbéciles también suelen ser bastante confiados, porque no conocen nada mejor. ¿Y sabes qué? Éste es un rasgo increíble. Por eso los inventos que parecen más tontos se convierten en ideas millonarias…, porque el inventor creía en sí mismo y trabajó duro para hacer realidad su sueño. Pero como acabo de decir, estos imbéciles confiados no tendrán éxito durante mucho tiempo a menos que aprendan y apliquen el resto de los pilares que explico en este libro.

Voy a avanzar y a asumir que no eres un imbécil y que te tomarás en serio los otros pilares de este libro. Sin embargo, todo lo que acabo de explicar antes de esto respalda la necesidad del pilar de la «grandeza». Lo que queremos hacer es adoptar la confianza ciega de un imbécil mientras adoptamos la practicidad de un científico espacial. A veces simplemente tienes que ignorar el sentido común y ceder a la fe ciega. Esto es algo que la gente normal no puede hacer y, por lo tanto, estas personas nunca pueden apostar por sí mismas y avanzar si hay la más mínima posibilidad de riesgo.

Tienes que creerte que eres grande

Ahora fíjate, éste no es un libro de autoayuda *hippie* en el que te digo: «Si simplemente piensas en algo lo suficiente, pasará». Hay una razón matemática y muy científica por la que este pilar tiene tanto impacto. Todo se reduce a lo que me gusta llamar el sistema CAR (creencias, acciones y resultados).

Como he dicho muchas veces en este libro, las creencias impulsan nuestras acciones. Si crees que eres muy guapo, hará que actúes con más confianza con el sexo opuesto y, bueno, no tengo que explicarte cuál es el resultado en este escenario. Como tienes confianza, tomarás adoptarás ciertas medidas y estas medidas te darán resultados (buenos o malos).

Entonces, ¿cómo obtienes el resultado de una riqueza increíble? Tú creas un negocio que es mejor que el 99 % de los otros negocios. ¿Pero cómo se crea un negocio genial y exitoso?

La respuesta: *crees* y *aceptas* el hecho de que tienes que ser genial.

Toda nuestra vida se nos dice que no vamos a ser geniales (al menos no de esta manera). De hecho, a lo largo de nuestra vida la mayoría de nuestros profesores y tutores nos dicen directamente que no servimos para nada y nos enseñan a prepararnos para lo peor adoptando la actitud de los combatientes del tráfico.

En serio, ¿alguna vez un profesor te dijo que tenías posibilidades de ser muy rico y de comprar tu propia isla? Digámoslo ambos a la vez: «Nunca». Si te elogiaron por un trabajo bien hecho, es probable que dijeran algo así: «Eres muy inteligente. Vas a entrar en una gran universidad» o «Serás un gran abogado algún día». Y aunque las intenciones de tu maestro probablemente fueran buenas, estas palabras te convencieron de que convertirte en un combatiente del tráfico significa que estás teniendo éxito. (Esto es cierto en el caso de algunas personas. Si querías crecer y convertirte en abogado y ahora eres socio de un bufete, entonces has tenido éxito porque has alcanzado tu objetivo. O si querías convertirte en profesor y ahora eres profesor, también has tenido éxito. Pero eso no es de lo que estamos hablando aquí. Si estás leyendo este libro, supongo que pretendes conseguir una riqueza arrolladora y el enorme éxito que conlleva ser un emprendedor de éxito).

Tus maestros, tanto tus profesores dentro de la escuela como tus mentores fuera ella, te dijeron que lo mejor que puedes hacer después de secundaria es ir a una buena universidad. Nunca te explicaron que hacerte rico es algo que puedes hacer estratégicamente sin preocuparte por ir a la universidad o tener un trabajo típico de ocho a cinco. (Ellos no son ricos; entonces, ¿por qué te convencerían de hacer algo que ellos no pudieron conseguir?).

Por eso, cuando las personas quieren ser ricas, hacen dos cosas:

1. Se paran antes de comenzar. No creen que sean geniales o que se merezcan la riqueza, por lo que ni siquiera intentan tener éxito.
2. Intentan hacerse ricos sin dejar de ser del montón. No asumen desafíos, juegan a lo seguro y nunca abandonan su zona de confort (al igual que el piloto de la NASCAR en la metáfora del principio de este capítulo).

Ambas alternativas impiden que las personas se hagan ricas. La buena noticia es que hay una manera de superar estos obstáculos, y de eso trata todo este capítulo. ¿Puedes adivinarlo? Dilo conmigo: «Debo creer y aceptar el hecho de que soy genial».

Por ejemplo, es posible que no creas que eres genial cuando se te presenta un desafío como vender *software*. De hecho, puede hacerte sentir incómodo, tan incómodo que es posible que no quieras hacerlo. Incluso puede ser que sepas comenzar, pero nunca lo haces porque crees que el éxito está fuera de tu alcance.

Sin embargo, aquí es donde entra el poder de *aceptar la necesidad de grandeza*. Cuando te sientas así, simplemente toma distancia y dite a ti mismo que vas a tener que ser grande. Acepta el hecho de que tendrás que trabajar duro y ser jodidamente bueno en el nicho que elijas.

Una vez que aceptes esto, queda muy claro lo que debes hacer. Todo lo que tienes que hacer es lo necesario para ser genial (sí, es así de fácil). Si eso implica aprender un conjunto de habilidades completamente nuevo, contratar una docena de personas o vender a la gente doce horas al día, seis días a la semana, hasta convertirte en un experto, que así sea. Finalmente, si trabajas lo suficiente en algo, serás bueno —me atrevo a decir genial— en eso. Entonces será mucho más fácil aceptar el hecho de que *eres* genial.

Si pasas diez años tratando de dominar cómo ganar dinero, es casi imposible que no te conviertas en un empresario excelente.

Uno de mis amigos de más éxito tiene un patrimonio neto de 500 millones de dólares (probablemente cerca de 700 millones o incluso de 1000 cuando se publique este libro). Se llama Com.

Cuando Com comenzó su primer negocio de *software*, no sabía nada sobre cómo programar o administrar un negocio. En realidad, dejó la secundaria, prácticamente sin experiencia en nada. La mayoría de la gente pensaba que no era quién para empezar un negocio. Dicho esto, Com siempre quiso ser un emprendedor. Y aunque no tenía ni idea de cómo tener éxito, sencillamente aceptó el hecho de que tienes que superar muchos obstáculos en tu camino hacia el éxito. Com no sabía nada, pero aceptó que haría lo necesario para ser genial.

Antes he explicado que si pasas diez años exigiéndote al máximo, finalmente te convertirás en un genio en algo. Me considero un mal ejemplo de esto, porque mi primer negocio fue realmente rentable y mi segundo negocio oficial ahora vale más de 20 millones de dólares. Sin embargo, éste no fue el caso con Com. Los primeros ocho negocios de Com se declararon en quiebra y le provocaron graves dificultades financieras. Com es una de las personas más ambiciosas y motivadas que conozco, pero podemos asumir con seguridad que Com no tenía lo que se necesitaba (en ese momento) para superar los obstáculos a los que se tuvo que enfrentar. Dado que entendió y aceptó el hecho de que tendría que ser genial para superar los obstáculos, tiró adelante.

(Nota: Antes he afirmado que puedes empezar un negocio con bajo riesgo y baja inversión y aun así lograr un retorno elevado de la inversión. Si bien es la forma mejor y más segura y es la que sugiero, no es lo que hizo Com. Creó su riqueza intentando un *home run* con cada bateo, cosa que afortunadamente le funcionó. De todos modos, éste no es el tema de nuestra historia).

Sin embargo, toma un poco de distancia y observa. Oigo a la gente quejarse y renegar de que no puede empezar un negocio por pequeñas cosas como «no entender Internet» o «ser malo vendiendo». No son inconvenientes reales; son opiniones que se pueden cambiar o áreas de interés que se pueden aprender. Y estas quejas comienzan a sonar un poco ridículas cuando ves los inconvenientes flagrantes y reales que se encontraban en el camino de Com.

Estaba en bancarrota y tenía una estadística de cero a ocho por lo que respecta a iniciar un negocio. Si lo analizaras sobre el papel, habría sido el caballo en las carreras con una probabilidad de 1/82. ¿Quién querría trabajar con o invertir en una persona con estas probabilidades? La respuesta: nadie. Y eso es exactamente a lo que se tuvo que enfrentar Com.

Si quieres oír la historia completa (en inglés), mira mi canal de YouTube (escribe en Google «Alex Becker YouTube Com Mirza Interview»), pero por ahora déjame contarte la versión resumida. Después de ocho fracasos, Com comenzó un negocio de apuestas. Poco después de lanzar este negocio, se enteró de que iba a ser encarcelado por las regulaciones legales a menos que pudiera conseguir más de un millón de libras esterlinas (se encontraba en el Reino Unido) en efectivo. (A esto es a lo que me refiero cuando hablo de problema o inconveniente *real).*

Com, nuevamente, aceptó que para ser genial tendría que hacer lo que fuera necesario. Tras ser rechazado por casi todas las fuentes de inversión del Reino Unido, pudo asegurar la inversión tocando literalmente puerta a puerta alrededor de un edificio de oficinas después de ser expulsado de su última reunión. Y, por si esto no fuera suficientemente complicado y estresante, consiguió el dinero pocas horas antes de la fecha límite legal.

Unos años más tarde, Com vendió su participación en este negocio por cientos de millones de dólares (tras la conversión de libras esterlinas a dólares) y fue uno de los primeros inversores en MySpace. Actualmente también es uno de los inversores más exitosos del mundo.

La cosa es que Com no era genial. De hecho, en el mundo real era visto como un completo fracasado. Pero siguió trabajando, aprendiendo y esforzándose año tras año, fracaso tras fracaso, porque aceptó la dificultad de ser grande y mantuvo la fe en sí mismo de que tendría éxito. Necesitó un tiempo, pero lo logró a pesar de todos los inconvenientes a los que tuvo que enfrentarse.

¿Crees que este viaje hubiera sido posible si no hubiera creído que era genial? ¿Crees que habría asumido una vez tras otra todos estos riesgos si se considerara uno del montón? La verdad es que Com tenía el peor coche del circuito, pero aun así conducía como si creyera que era el mejor piloto en carrera. No sólo pasó por encima del 1 %, sino que pasó por encima del 0,001 % de la manada.

Nada de esto hubiera pasado sin la aceptación de que tenía que ser genial y la creencia final de que era genial. Habría conseguido un trabajo de ocho a cinco y se habría entregado a la vida de mediocridad de los «combatientes del tráfico» después de su tercer fracaso. ¡Diablos, la mayoría de las personas ni siquiera necesitan alcanzar el fracaso para renunciar a sus sueños! ¡Se la pegó ocho veces y aun así no se rindió!

Así de poderoso es este pilar en la vida de una persona. De todos modos, con *sólo* este pilar puedes hacerte inmensamente rico, pero la fe ciega en ti mismo sin los otros pilares en los que apoyarte casi siempre te llevará a perder tu riqueza. Por lo tanto, no confundas asumir riesgos con abrazar este pilar. Para tener verdaderamente éxito, debes abrazar este pilar con todo tu ser mientras recuerdas los demás. Además, cuando combinas este pilar con los demás, puedes hacerte rico sin correr riesgos ciegos, porque comprenderás cómo funciona el dinero. Cuando hayas aprendido sobre dinero y negocios, estos riesgos se convertirán en oportunidades.

Desear ser rico significa que pretendes ser cualquier cosa menos uno del montón. En realidad, estás trabajando para ser mejor ganando dinero que casi cualquier otro ser humano del planeta. No hay lugar para personas que no creen en sí mismas. No puedes colarte entre el 1 % de la élite sólo con habilidades o ideas. Debes tener el pack completo, por lo que necesitas los diez pilares para llegar realmente a la cima.

Como he dicho muchas veces, el principal problema no es entender este pilar, sino creer en él y aplicarlo.

Ahora, cómo hacerlo.

Generación de riqueza para principiantes

Si eres nuevo en este tren de pensamiento, este capítulo probablemente te parezca un montón de basura innecesaria. Pero, como ya he explicado, pensar que eres genial no te pone instantáneamente 5 millones de dólares en tu cuenta bancaria y las habilidades por sí solas tampoco generarán una gran riqueza. Necesitas creer, actuar y tomar decisiones basadas en la idea de que ya eres genial. Pero ¿cómo haces esto si estás comenzando en el mundo de los negocios?

Debes pensar en las acciones que emprenderías si ya fueras alguien genial y exitoso. Cuando te encuentras con un problema, debes hacerte la pregunta «Si yo fuera un monstruo de los negocios genial, capaz de cualquier cosa en el mundo, ¿cómo gestionaría la situación?».

¿Esto es desmesurado? Sí. Sin embargo, si te encuentras con un problema y te haces esta pregunta, es prácticamente imposible decir «No puedo» o «No sé cómo hacerlo». Por ejemplo, cada vez que le digo a la gente que inicie un negocio *online,* todo lo que oigo son «peros»:

- Pero no sé programar.
- Pero no sirvo para hablar a la gente.
- Pero no sé cómo hacer X, Y y Z.

Es probable que pienses de esta misma manera. Es probable que estés leyendo este libro y pensando «Es una gran información y blablablá, pero este tal Becker es bueno en todas esas cosas en las que yo no lo soy. Por eso tiene éxito y por eso yo no». Y sí, esto es cierto; apestas ahora mismo.

Sin embargo, si aplicas la pregunta que he expuesto anteriormente, esto no importa. Esta pregunta te llevará a las mismas acciones que cualquier multimillonario emprendería en tu situación. Si deseas iniciar un negocio, pero no eres bueno comunicándote con extraños, sencillamente hazte la pregunta «¿Qué haría una persona de éxito?». De repente, se volverá brutalmente evidente que no tienes otra opción que convertirte en un comunicador experto. (Aprender a convertirte en un comunicador experto es el siguiente paso que debes dar, pero saber lo que necesitas hacer es la clave aquí).

No tiene que ser nada drástico, pero este proceso de pensamiento te hará avanzar hacia la grandeza. En lugar de decir «¡A la mierda! Soy un desastre comunicándome con la gente, así que es mejor que mantenga mi trabajo cotidiano», comenzarás a buscar en Google cómo mejorar tus habilidades para hablar y escribir. Más adelante comenzarás a tomar medidas sobre lo que aprendes.

Ahora, cuando tomes medidas basadas en las respuestas que te brinda esta pregunta, comenzarás a conseguir alguna victoria. Ganarás tus primeros cien dólares, luego tus primeros mil dólares, y de repente comenzarás a pensar «Sí, puedo hacerlo». Con el tiempo, no tendrás que preguntarte «¿Qué haría una persona genial?» porque te habrás convertido en una persona genial e, intrínsecamente, tendrás fe en ti mismo. Instintivamente querrás comerte el mundo y creerás que te lo puedes comer, lo que implicará que te lo acabes comiendo.

Generación de riqueza para veteranos

Tal vez seas una persona que ya ha tenido algunos éxitos en los negocios, pero actualmente te encuentres estancado. Tal vez te estén devorando los nuevos competidores. O tal vez hace semanas que no has conseguido un nuevo cliente y no sabes por qué.

Tal vez sólo quieras más dinero y no tienes ni idea de cómo obtenerlo. La mayoría de las veces, la razón de todos estos problemas es que eres competente en lo que haces, pero no eres genial en lo que haces.

Lo veo constantemente con propietarios de negocios. De hecho, la mayoría de las veces los propietarios de los negocios saben lo que tienen que hacer, pero no lo hacen. Sus competidores tienen una mejor marca, productos de mayor calidad, etc.; entonces, ¿cómo pueden competir?

La solución evidente es llevar su negocio al siguiente nivel. Sin embargo, las personas no lo hacen porque creen que no pueden ser geniales. Creen que tienen límites y que hay cosas que no pueden hacer tan bien como otras personas.

Sólo para asegurarme de que este mensaje llegue a tu cerebro, voy a repetir lo que ya he dicho en el apartado para principiantes: la única solución a este problema es eliminar los límites de tu proceso de pensamiento y preguntarte «¿Qué haría un emprendedor genial para avanzar en esta situación?». Esto te permitirá verlo desde un ángulo completamente diferente para encontrar la mejor solución a tu problema.

Constantemente me encuentro con empresarios que ganan entre 10 000 y 15 000 dólares al mes netos. Sí, es una cantidad considerable, pero no saben cómo ganar más. El motivo es porque simplemente se niegan a evolucionar. Se preguntarán cómo pueden conseguir un negocio como el mío o el de alguien que esté a mi altura. Están buscando alguna táctica o algún secreto que les permita mantenerse entre la media pero que les permita ganar dinero como si fueran geniales.

La verdadera respuesta a esta pregunta es «Tienes que ser genial para tener un negocio como el mío». Debes dedicar una cantidad extrema de tiempo e inversión a:

- Mejorar tu marca.
- Mejorar tu *marketing*.
- Mejorar tu producto.
- Mejorar cada cosa que hagas.

Por ejemplo, una vez llegué a un punto en el que ganaba dinero, pero tenía graves problemas para ampliar mi negocio. Veía negocios en el mismo nicho que el mío que ganaban diez veces más de lo que yo estaba ganando y me cabreaba porque no sabía cómo llevar mi negocio a ese punto.

Entonces me di cuenta de que tenía que ser genial. Tenía que ser mejor que quien era yo y mejor que ellos. Para hacer eso, tuve que:

- Trabajar más que ellos.
- Contratar gente superior.
- Dominar el *marketing* de mi negocio.

Esto parece de lógica aplastante, pero antes de darme cuenta me decía a mí mismo:

- No tienes personal como el suyo.
- No sabes hacer un *software* como el suyo.
- No dominas la publicidad.
- Tienes miedo de perder dinero.

Después de admitirme a mí mismo que tengo que ser genial para tener éxito, mis pensamientos cambiaron a:

- Necesito dominar la fabricación de *software.*
- Necesito contratar mejor personal.
- Necesito aprender publicidad.

Y en vez de quedarme sentado a mirar «nopuedos», empecé a descubrir cómo hacer que pasen las cosas antes mencionadas. Me sacó de mi zona de confort y tuve que invertir dinero en mi negocio que normalmente me hubiera guardado. Sin embargo, el resultado fue que mi negocio creció sustancialmente. Los grandes empresarios no se quedan sentados en su zona de confort; llevan las cosas al siguiente nivel, aunque ello signifique ciertas adversidades.

De nuevo, esta mentalidad no es para un recién llegado a los negocios; esto es para alguien que ya tiene algo de dinero, pero que quiere ganar *mucho* más. Tu problema casi siempre será permanecer sentado en tu zona de confort y negarte a ser el mejor en lo que haces. Si simplemente te quedas sentado y admites que debes ser el mejor independientemente de la inversión o del tiempo dedicado, tendrás dificultades para mantenerte en esta zona de confort.

Si tu objetivo es ganar dinero en tu negocio, pero ser el mejor no es tu objetivo, probablemente no permanecerás en el negocio por mucho tiempo o no podrás hacer crecer tu negocio a su máximo potencial. Esto se debe a que estás tan concentrado en el dinero que quizás no quieras gastar en inversiones necesarias para hacer crecer tu negocio. Para ser el mejor, debes hacer inversiones y batir a otros propietarios de negocios. Esto lleva tiempo y dinero, y obliga a hacer cosas que otros propietarios de negocios no harán.

Acepta este hecho y llévalo a cabo independientemente de lo incómodo que te haga sentir. Entonces, convertirse en genial será inevitable.

Avanzar hacia la grandeza da lugar a grandeza

Lo que verás muchas veces en este libro es que las acciones repetidas son todo lo que necesitas para conseguir los objetivos deseados. El único obstáculo importante es que las acciones están controladas por creencias. La creencia de que eres genial dará como resultado acciones geniales. La creencia de que eres del montón dará como resultado acciones del montón.

Éste es un hecho innegable del cual no puedes escapar. Por eso este pilar de riqueza es tan esencial. No puede haber acciones geniales sin pensamientos geniales. Aunque tengas todo en el mundo a tu favor, sin las acciones adecuadas nunca ganarás la carrera de la riqueza.

Como he dicho muchas veces, tener un pilar sin los otros es una receta para el desastre. Si realmente vives este pilar sin vivir también los otros, terminarás cayendo en el hoyo que ha despojado a tantos millonarios de su riqueza.

Pensar que eres genial sin entender cómo controlar el dinero indudablemente desembocará en tomar malas decisiones. Aquí es donde entra en juego nuestro próximo pilar.

Cuarto pilar

Conocer cada pequeño detalle depende exclusivamente de ti

Aviso: Este capítulo comenzará en un lugar bastante oscuro y lo más probable es que te cabree. Voy a llevar este ejemplo al extremo para que entiendas *perfectamente* lo que estoy tratando de enseñarte. Así pues, para explicar de qué trata este pilar, déjame que te explique una historia sobre un hombre llamado Steven.

(Antes de leer esto, ten en cuenta que ésta es sólo una historia que utilizo para llevar el tema a mi terreno. No es un juicio y no refleja mis sentimientos personales hacia una situación como ésta. Es un ejemplo y sólo un ejemplo. Así que, por favor, lee esta historia de manera objetiva y no desde un punto de vista crítico. ¡Gracias por adelantado!).

Empecemos. Steven es un joven pastor en una iglesia local. Según los estándares de la sociedad, es casi el tipo perfecto. Tiene una familia hermosa y educada, y vive en una casa de tres habitaciones con una cerca de madera blanca. No maldice, no bebe y dona una cuarta parte de su salario anual a obras de caridad.

Una noche, Steven recoge a su hija de una fiesta de pijamas a las doce de la noche porque no se encontraba bien. Después de recogerla, conduce hasta casa como siempre hace. Pasa muy cerca de un IHOP,[8] donde los estudiantes universitarios suelen ir a comer algo después de emborracharse en las discotecas.

---

8. IHOP (The International House of Pancakes) es una cadena estadounidense de restaurantes fundada en 1958. Especializada en desayunos, es conocida por sus panqueques, gofres y torrijas.

Llega a una intersección que tiene un punto ciego, pero mira a ambos lados antes de continuar. Todo parece despejado y no hay manera de que un vehículo que circula a una velocidad normal impacte con él, incluso aunque se encuentre en el punto ciego. Entra en la intersección. En ese mismo momento, un chico universitario borracho conduciendo un enorme camión entra haciendo eses en el punto ciego a más de ciento cuarenta kilómetros por hora e impacta contra el pequeño Honda Civic de Steven. El pastor y su hija mueren al instante. El universitario sólo se da un fuerte golpe en la cabeza y puede alejarse del lugar del accidente.

Muy afectado, ¿verdad? Pero esto me lleva a una pregunta con una respuesta que no te va a gustar. ¿De quién fue la culpa de que esto sucediera?

La respuesta: fue culpa de Steven... y podría haberlo evitado.

En nuestra sociedad, la culpa siempre es del conductor ebrio. Podemos señalarlo con el dedo constantemente, meterlo en la cárcel y arruinar su vida. Podemos aprobar leyes para evitar conducir borracho y culpar fácilmente al conductor ebrio de este trágico accidente. Todo el mundo sabe que conducir bajo los efectos del alcohol puede provocar accidentes horribles y los conductores ebrios siempre son vistos como los malos de la película.

Sin embargo, al final del día, ¿quién pagó el precio? ¿Steven o el conductor ebrio? La fría y dura verdad es que Steven fue quien murió y pagó el precio final por las acciones del conductor. Claro, podemos culpar al conductor ebrio, pero eso no cambia quién pierde en esta situación. La culpa no cambia las acciones. Legal y personalmente, el conductor debe pagar, pero no va a cambiar el hecho de que Steven y su hija estén muertos. (Una vez más, sé que esto parece increíblemente duro, pero tengo razón. Sólo tienes que seguir leyendo).

Aquí radica el problema de culpar a otras personas o a otros factores. Cuando haces esto, liberas responsabilidad y control sobre tu vida. Estás diciendo que no hay forma de haber podido evitarlo. Al admitirlo, estás dejando que te pasen cosas malas porque estás decidiendo que no quedan bajo tu control. Dependen de otra persona y es su culpa. La mayoría de veces, sobre todo en el mundo de los negocios, la única persona que paga el precio eres *tú*, al igual que Steven fue quien pagó el precio en esta historia. (Sí, el conductor ebrio probablemente acabó en la cárcel para siempre, pero eso no hace que Steven y su hija vuelvan a la vida. Así pues,

---

Ha abierto establecimientos en diversos países de habla hispana, como México, Panamá, Perú, Guatemala, Ecuador y República Dominicana. *(N. del T.)*

aunque la persona que es técnicamente culpable sea castigada, no invalida lo que te pasó a ti).

¿Qué pasa si Steven tiene la culpa de todo lo sucedido?

Retrocedamos en el tiempo e imaginemos que Steven pensó así. Imagínate que salió de casa pensando: «Es tarde y paso cerca de un conocido lugar de reunión de borrachos. Si un conductor ebrio me golpea, será por mi culpa porque sé que existe la posibilidad, aunque también sé que es evitable. ¿Cómo puedo evitar que pase?».

Sus acciones habrían sido radicalmente diferentes. Éstas son algunas cosas que podría haber hecho:

1. Convencer a su hija de pasar la noche en casa de su amiga.
2. No pasar por ese IHOP en el que los universitarios borrachos pasan el rato.
3. Asumir que por el punto ciego podría pasar un conductor loco y escoger otra ruta a casa.

La lista sigue y sigue. ¿Habría sido esto un poco paranoico? ¡Sí! Pero si Steven hubiera sido un poco más paranoico, habría quitado el destino de su hija y el suyo propio de las manos del conductor ebrio y lo habría puesto en las suyas. Por cierto, ¿debería el conductor ebrio culparse a sí mismo? Sí, por supuesto; es 100 % culpa suya, ya que estaba borracho y chocó contra el coche de Steven. Debería culparse a sí mismo porque podría haber evitado el accidente, al igual que Steven debería culparse a sí mismo porque podría haber evitado el accidente. Pero ¿quién preferirías ser, la persona que está muerta pero sin culpa o la persona que sigue viva pero que asume toda la culpa?

Lamento poner un ejemplo tan extremo, pero así es exactamente como debes comenzar a ver el mundo para hacerte rico. Para generar riqueza, debes controlar la riqueza. Y para controlarla, debes tomar el mayor control posible de otros factores. Cuanta más responsabilidad aceptes, más control tendrás sobre tu negocio.

En nuestra sociedad, hemos sido envenenados con una mentalidad de víctima. Todo es culpa de otro. Es culpa de tu jefe, es culpa de la economía, es un error de mal funcionamiento del *software,* es culpa de cualquier persona o de cualquier otra cosa que no seas tú.

Esta mentalidad te aniquilará más rápido que cualquier otra cosa cuando trates de hacerte rico. ¿Por qué? Porque aunque una mala situación «en teoría» sea culpa de otra persona, tú eres quien pierde dinero y se enfrenta a la pérdida de riqueza y de éxito.

Déjame que te lo repita de nuevo. En los negocios, no importa de quién sea la «culpa», tú serás quien lo pague. La única manera de evitarlo es señalándote siempre con el dedo para pensar maneras de quitarle el control a otras personas o variables.

Así pues, piensa en ello. ¿Dónde quieres que caiga la responsabilidad del fracaso? ¿Quieres que tus empleados, la economía o cualquier otro factor aleatorio arruinen tu futuro y también tengan la culpa? ¿No preferirías aceptar la responsabilidad por factores que son culpa de otra persona y arreglarlos antes de que arruinen algo que valoras?

Déjame que te explique esto con ejemplos del mundo real.

Cómo aprendí yo este pilar

Un negocio que tengo me permite ganar entre 500 000 y 1 millón de dólares al año. En un momento determinado, lo administraban dos de mis empleados y en el pasado tuve repetidos problemas con un empleado. Cuando tuve estos problemas, lo culpé, lo amenacé con despedirlo y le retiré dinero de su nómina. Pensé que era la mejor manera de gestionar esta situación y lo culpé de los errores que estaba cometiendo.

Pues bien. Un día contraté a una persona para auditar todo nuestro sistema. Me hizo saber que varias de nuestras cuentas no habían recibido ningún tipo de servicio. Si bien era una muestra pequeñísima de nuestra base de clientes, había más de 20 000 dólares en pedidos facturados que este empleado simplemente no había cumplido.

Cuando hablé con él cara a cara, el empleado culpó al sistema que le habían dado, al *software* con el que tenía que trabajar y cualquier otra excusa, excepto el hecho de que simplemente no había hecho su trabajo. Tenía algunas razones legítimas (excusas), pero todos estos errores podrían haberse evitado o corregido con unas sencillas acciones.

Sin embargo, al final del día, ¿crees que el empleado tuvo que pagar o compensar a estas personas con 20 000 dólares? ¡Diablos, no! Lo despidieron y pudo marcharse con sus sueldos anteriores y sin deudas con el negocio. Por otro lado, tuve que contactar con mis clientes y asegurarme de que todos ellos fueran compensados debidamente.

¿Fue culpa del empleado? Si yo tuviera una mentalidad de víctima, evidentemente. No hizo su trabajo y arruinó el negocio. Debería haber hecho mejor su trabajo y hacer lo que le pagaban por hacer.

¿Pero de qué me sirve eso? La verdadera culpa recae en *mí*. Si hubiera aceptado la mentalidad de que cada cosa en mi negocio es mi responsabilidad, esto nunca hubiera sucedido. Sería 20 000 dólares más rico y habría mantenido a todos esos clientes que perdí.

La triste realidad es que todos sabemos que, en el fondo, culpar a otros es una pérdida de tiempo. La razón por la que lo hacemos es porque es fácil. Es bueno tener un chivo expiatorio en lugar de mirarnos en el espejo y culparnos a nosotros mismos. Es mucho más sencillo enfadarse con otro y odiarlo ciegamente que golpear a nuestro propio ego. Sin embargo, la verdad es que conmoverse y culpar a los demás es una pérdida de tiempo. No soluciona ningún problema y no hace que el pasado desaparezca. Lo único que hace es liberarnos de la culpa, y esto podría hacernos sentir libres de culpa, pero sentirse libre de culpa no soluciona ningún problema. En cambio, aceptar la culpa y solucionar el problema, sí.

(Una manera fácil de diferenciar entre un empresario principiante y uno experimentado es ver cómo gestionan las situaciones en las que un empleado o un cliente hacen algo mal. Si se quejan y culpan a la otra parte, probablemente sean nuevos en todo este negocio. Si, en cambio, apenas mencionan el problema e inmediatamente encuentran una manera de solucionarlo, entonces puedes saber que estos tipos son profesionales).

Entonces, ¿cómo habría evitado la situación que tuve con el empleado culpable si yo hubiera asumido la responsabilidad de todo mi negocio en primer lugar? Hubiera:

- Comprobado que el *software* del empleado era al totalmente efectivo y funcionaba.
- Revisado su sistema una vez a la semana.
- Comprobado su trabajo diariamente.
- Despedido al empleado una vez que hubiera comprobado que estaba holgazaneando.

Todas estas simples acciones hubieran parado esta horrible situación. Pero decidí echar la culpa a mis empleados y no a mí. Pero como ya puedes ver a estas alturas, culpar a todos menos a mí no tenía ningún sentido, porque era yo quien seguía pagando el precio.

Cuanto más adoptes esta línea de pensamiento, más controlarás realmente (generarás y protegerás) tus ingresos.

Otro ejemplo de esto mismo lo viví durante una de mis muchas presentaciones de *software*. Lanzo *software* nuevo de forma regular, y en mis primeras presentaciones todo salió mal. El *hosting* se estropeó, hubo problemas de facturación y se produjo una enorme cantidad de fallos.

En aquel momento culpé al *host* y envié a mis desarrolladores al infierno. Pero una vez más, el culpable era yo. Ahora, cuando lanzo un nuevo *software,* no culpo a mi *host* ni a los desarrolladores. Pongo las culpas en mí. Soy ofensivamente quisquilloso al comprobar absolutamente cualquier cosa que pudiera salir mal y, gracias a esto, controlo mi éxito. No está en manos de mi desarrollador porque reviso constantemente su trabajo. Y si su trabajo no está a la altura, lo despido de inmediato para poder contratar otro desarrollador que cumpla con mis expectativas. No es culpa de mi *software* o del *host,* porque previamente los pruebo hasta la saciedad y sólo avanzo cuando ambos están a la altura de mis estándares; en otras palabras, perfectos.

Ten en cuenta que los problemas siempre sucederán y perseguir la perfección a menudo puede conducir a una «parálisis de la perfección», que se comenta en el sexto pilar. Se da cuando nunca completas nada porque siempre estás esperando que sea perfecto. A veces, sin embargo, debes progresar para ganar dinero, aunque las cosas no sean totalmente perfectas.

El punto que estoy tratando de aclarar aquí es que, al aceptar la culpa, puedo evitar el 90 % de todos los problemas posibles y el 99 % de los problemas gordos antes de que sucedan.

La fría y cruda realidad es que a nadie le importa si te haces rico o no. No te ponen a parir sobre tu nivel de ingresos, siempre y cuando reciban un ingreso tuyo cada dos semanas. Más aún, al mundo no le importa si trabajas duro y tienes un buen corazón. Así que debes centrarte en ti porque la única persona en el mundo que te cubrirá las espaldas es, lo has adivinado, *tú.* Puedes echarle las culpas a un mundo que no te pone a parir o puedes echarte las culpas a ti mismo (a quien esperas importarle mucho). Al terminar el día, el mundo nunca pagará la cuenta por sus errores, por lo que es mejor que aceptes la culpa porque vas a tener que hacer el trabajo de todos modos.

Por este motivo hay tanta gente que piensa que los negocios son arriesgados: porque no aceptan la culpa. Si realmente eres muy meticuloso, hay muchas menos posibilidades de equivocarte, porque puedes tomar buenas decisiones y protegerte.

Cómo cambiar tu mentalidad y adoptar este pilar

Verás, cuando comienzas a ver todo como tu culpa, comienzas a pensar de una manera extremadamente proactiva. Empiezas a pensar en acciones en lugar de esperar que las cosas funcionen. Esta mentalidad es un poder puro y sin restricciones porque te permite quitarle el control de tu futuro al mundo y dártelo a ti mismo.

Por eso este pilar es tan importante. El único problema es que puede ser difícil incorporarlo a tu vida después de tantos años con una mentalidad de víctima que ha envenenado tu cerebro. Tu cerebro no quiere renunciar a esto, porque hacer frente a la realidad resulta extremadamente incómodo.

Pero ¿qué pasa si el hecho de que seas uno del montón no es por culpa de:

- Tus profesores…
- Tus padres…
- Tu país…
- Tu educación…
- Tus antecedentes…

… sino que únicamente es por tu culpa? Bueno, para la mayoría de las personas, es el 100 %. No me malinterpretes; si naciste sin la mitad del cerebro o con algún otro defecto de nacimiento…, entonces no, no es por tu culpa. Pero si estás leyendo esto ahora mismo y eres pobre o estás frustrado, entonces despierta, amigo, ¡eres malísimo, y es por tu culpa! Si quieres dejar de ser espantoso, deja de señalar con el dedo a lo que sea que te impida hacer X, Y o Z. Debes mirarte al espejo y culpar al cobarde quejoso que te está mirando.

Ahora, independientemente de que seas un principiante o un veterano en la generación de riqueza, te enseñaré cómo puedes incorporar esto a tu vida y recuperar tu poder *hoy mismo*.

Tomar el control como recién llegado a la riqueza

Como siempre en este libro, voy a ser franco contigo. Es probable que tu vida esté llena de decepciones. No ganas tanto dinero como deseas, no has logrado ninguno de tus sueños y, aparte de tus amigos y familiares, no le importas nada a nadie. Donde sea que trabajes, es posible que gustes, pero en última instancia sólo eres un empleado generador de dinero que puede ser sustituido a la más mínima.

No tienes la educación, la capacitación, la motivación o lo que sea necesario para ganar dinero. Nunca se te ha presentado la oportunidad y el mundo es injusto contigo. O tal vez lo hayas intentado y has fracasado por algún motivo que «no puedes controlar». Si tuvieras lo que el exitoso fulano de tal ha tenido, podrías hacerlo. Pero no lo tienes, así que no puedes.

¿Sabes qué? Todo es culpa tuya, lo que significa que *tú* puedes cambiarlo. Tal vez tuviste una mala tirada de dados en alguna área de tu vida, pero nada te impide continuar tirando los dados hasta ganar.

Ahora quiero que escribas todo lo que quieres en tu vida y luego que hagas una lista de por qué no lo tienes. Hazlo. Ahora mismo. Vamos.

A continuación, quiero que mires la lista y luego el apartado «por qué». Para conseguir estas cosas, necesitas recuperar tu vida de estos «por qué», también conocidos como esas cosas, esas personas o esas situaciones a las que culpas por tus fracasos.

Por ejemplo, tal vez has escrito que quieres un gran negocio, pero no tienes tiempo por culpa del trabajo y de la familia. ¿Cómo puedes cambiar esto?
Podrías:

- Dejar tu trabajo.
- Reducir sustancialmente tus facturas para permitirte una vida mucho más frugal.
- Trabajar por la noche, cuando tu familia se haya ido a dormir.

Establece horarios y objetivos estrictos; por ejemplo, trabaja 3 horas por la noche hasta ganar 3000 dólares al mes y luego deja tu trabajo para dedicar más horas a tu negocio.

Cagaditas: lo veo constantemente. La gente quiere comenzar un negocio, pero no puede dejar su trabajo actual porque su estilo de vida es demasiado caro. Noticia de última hora: consigue un apartamento barato y un coche de segunda mano barato y destartalado y podrás vivir con 600 dólares al mes si lo deseas. Si quieres un cambio importante en tu vida, no puedes vivir la misma vida que tienes ahora. Esto puede ser complicado si tienes préstamos familiares o estudiantiles, pero es casi seguro que tienes algunos gastos que podrías reducir. Gasta menos dinero en el supermercado, deja de salir a comer fuera, no compres ropa nueva durante los próximos seis meses, compra en tiendas de segunda mano en lugar de en grandes almacenes, cancela tu cuenta de Netflix, ve a la biblioteca en lugar de comprar libros todas las semanas, etc.

Pero volvamos al tema que nos ocupa. Cuando escribimos por qué no tenemos las cosas que queremos y luego nos centramos en superar estas excusas, les estamos exculpando. No es culpa de tus hijos que gestiones horriblemente mal el tiempo. ¡Boom! La solución para lograr lo que quieres es arreglar tu gestión del tiempo.

Lo que solía ser un problema por el que culpabas a tus hijos, ahora es un problema que puedes solucionar con sólo unos pocos cambios en tu proceso de pensamiento y tus acciones.

Tomar el control como veterano de la riqueza

Como alguien que ya ha tenido cierto éxito, es probable que hayas aceptado el hecho de que pasan cosas malas. Pero esto no significa que aceptas que pasen cosas malas y dejas de intentar evitarlas. Significa que debes evitarlas antes de que pasen porque… ¿lo adivinas? Todas ellas están bajo tu control. Por lo tanto, debes buscar de manera proactiva las cosas para controlar las que te ayudarán a que tu negocio tenga éxito.

La mejor manera de hacerlo es en tres pasos. El primer paso consiste en identificar todas las cosas que podrían salir mal en tu negocio (incluidas las cosas que ya han salido mal). Haz una lista, compruébala una docena de veces y asegúrate de que eres mentalmente consciente de cada error o metedura de pata que pueda ocurrir.

El segundo paso consiste en identificar soluciones a los problemas que están a tu alcance. Esto podría ser tan sencillo como revisar una vez a la semana los mensajes de tu personal auxiliar o añadir términos de servicios más explícitos a tu sitio web para evitar una futura demanda frívola. De todos modos, no tendrás la solución para algunos de estos problemas. En estos casos, pasamos al paso tres.

El tercer paso consiste en identificar a las personas que han hecho exactamente lo que quieres hacer y preguntarles dos cosas. La primera es cómo solucionar los problemas actuales que ya has identificado. La segunda es saber de los grandes problemas con los que se encontraron que aún no has identificado; lo más probable es que te pongan sobre la mesa toneladas de problemas en los que aún no habías pensado.

Verás, alguien que ya ha estado en tu lugar puede decirte que pasó cuando estuvo allí y qué pasó en los años siguientes. No puedes predecir realmente el futuro ni con la mejor previsión del mundo.

Las personas que van unos pasos por delante en un negocio similar pueden salvarte el pellejo de demandas, errores en el sitio web, fugas de seguridad, errores costosos y enormes dificultades que hay en tu negocio o que podrían existir en un futuro. Si no buscas ayuda, estás dejando tu futuro en manos del azar. Cualquiera de estas cosas podría noquearte. Pero al recibir asistencia, estás aceptando que estos problemas (si acaban apareciendo) son por tu culpa y que es tu responsabilidad corregirlos, cambiarlos y prevenirlos.

Controlar tu futuro puede depender exclusivamente de ti

En cualquier momento puedes decidir atribuir tu ruina y tus contratiempos a otra persona. Socialmente, incluso puede ser que tengas razón y tus amigos y colegas estarían de acuerdo en que «Oh, si no fuera por fulano de tal, tu vida sería increíble». El único problema con esto es que este «fulano de tal» nunca pagará la cuenta del daño causado. Puede aceptar la culpa, pero nunca pagará realmente por ella.

La única forma que tienes de controlar tu futuro es quitar el control de las manos de fulano de tal y quedártelo tú, justa o injustamente. La carga puede ser pesada y es posible que tengas que mortificarte un poco, pero al final del día habrás esquivado multitud de balas antes siquiera de que hayan sido disparadas.

Este pilar es esencial, ya que te permite avanzar a la vez que te proteges de los inconvenientes innecesarios. Sin embargo, protegerte y hacerte responsable no genera dinero. Las acciones generan dinero y este pilar te protege de perderlo todo en un rápido y trágico accidente. De todos modos, para llevar a cabo las acciones necesarias debes aprender las lecciones que te puede enseñar el quinto pilar de la riqueza.

Quinto pilar

Adopta una mentalidad de riqueza

Uno de mis primeros negocios después de dejar el Ejército fue (¿estás preparado para esto?)… un negocio para aprender a ligar. Sí, me pagaban para enseñar a los chicos cómo conocer chicas en discotecas y tener sexo con ellas, y sí, éste es un conjunto de habilidades que los chicos pueden adquirir y usar. Más aún, cualquiera puede cambiar quién es socialmente, lo cual es bastante bueno. Pero éste no es el asunto que trata este capítulo.

No voy a entrar en detalles ahora, pero solía ser muy introvertido. Y aprender dinámicas sociales y luego practicar estas dinámicas me enseñó a ser extremadamente competente en situaciones sociales. En resumen, aprendí a inclinar drásticamente las probabilidades a mi favor ante prácticamente cualquier situación social.

Dicho esto, puedo observar a dos personas interactuando y explicar qué están haciendo mal. También puedo darles consejos sobre cómo mejorar drásticamente. Durante los pocos años que practiqué y enseñé cómo ligar con chicas, pude aprender uno de los factores más importantes para el éxito de un chico. Más adelante me di cuenta de que este factor era esencial en el espíritu empresarial y en prácticamente cualquier aspecto del éxito.

Contrariamente a la creencia popular, lo que dices en situaciones sociales tiene poco que ver con cuánto le gustas a la gente. Las opiniones que la gente tiene de ti se basan en tu forma de actuar. Como ya he dicho antes en este libro, tu manera de actuar (tus acciones) también determina tu éxito a la hora de hacer un montón de pasta. Ahora recuerda: las acciones están controladas por mentalidades y creencias. En resumen, el éxito de un hombre con las mujeres se basa en realidad en su mentalidad y sus creencias fundamentales.

Hay muchos factores que configuran tu mentalidad, pero el pilar que estoy a punto de cubrir es una de las partes más importantes. De hecho, sin este pilar (factor, creencia), un hombre siempre luchará para atraer a las mujeres y un empresario siempre luchará para ganar dinero.

¿Cuál es este pilar (factor, creencia)? La respuesta: la creencia en la abundancia.

Déjame que te explique. ¿Alguna vez has visto a chicos intentando ligar con chicas y fracasar miserablemente? Por supuesto que sí. Pasa cada quince segundos en alguna barra del mundo. Constantemente preparaba a chicos en la cuestión, y el mayor problema que tenían es que no se la podían quitar de la cabeza porque carecían de la abundancia. Todas las chicas eran tratadas como si fueran la última que quedaba en el planeta, lo que a su vez provocaba que los chicos se encontraran extremadamente incómodos y nerviosos. Cada vez que estos chicos hablaban con una chica, se centraban únicamente en sus propios pensamientos. Les preocupaba lo que ella pensara de ellos, qué decir a continuación o si la pregunta que acababan de hacer era estúpida. Básicamente, todos estos pensamientos mataban la conversación. Pasaban de chicos normales y parlanchines a ser unos tipos nerviosos, irritantes y socialmente extraños.

Para ponerlo en perspectiva, ¿alguna vez has mantenido una conversación con alguien que estaba tratando de impresionarte, quería algo de ti o pretendía que te gustara exageradamente? Este tipo de conversación no ayuda a que la gente se sienta a gusto.

En serio, ve a una disco y observa cómo los hombres se acercan a las mujeres. La mayoría de chicos sencillamente se desarman ante una chica hermosa. O eso o tienen que emborracharse hasta límites exagerados para ganar algo de confianza. ¿Por qué pasa esto?

Porque no creen que tengan abundancia. Antes de exponer mi punto, déjame explicarte más.

Sí, hay muchos tipos extraños en las discotecas. Pero también hay otro chico de discoteca: el chico de discoteca seguro de sí mismo.

¿Alguna vez has visto a un chico que sea increíble con las mujeres? La próxima vez que salgas, te animo a que trates de localizar a los pocos tipos que hay en la discoteca que hablan sin parar con las mujeres atractivas. Más aún, presta atención a las chicas que sonríen cuando un hombre se les acerca. Verás que estos hombres no parecen nerviosos en absoluto; parecen distantes, indiferentes y seguros de sí mismos. Y la mayoría de las veces, notarás que no parece importarles si gustan o no a las chicas.

No me malinterpretes, estos tipos preferirían que la chica que les interesa también se interesara por ellos, pero simplemente se lo pasan bien. Dicen lo que piensan, son ellos mismos y actúan como lo harían con cualquiera de sus amigos. No tienen problemas para pensar qué decir, porque no temen no gustar a la chica. Hay muchas chicas en el mundo y si a alguna no le gustan sus opiniones, entonces es probable que no sea la chica adecuada. Gracias a esta mentalidad, dicen lo que piensan y disfrutan de la conversación y de la interacción. La mayoría de las veces, las chicas encuentran esto extraordinariamente atractivo. Las mujeres quieren hablar con hombres atractivos y felices, no con personas nerviosas, incómodas y desesperadas por la aprobación.

Así pues, ¿cómo es que un chico puede actuar confiadamente con las mujeres mientras que otro se queda bloqueado? Es sencillo. El chico tranquilo y despreocupado cree que tiene abundancia. Si no le gusta a esa chica, ya encontrará otra. No supone un problema en absoluto. Este proceso de pensamiento le permite ser él mismo y pasárselo bien.

Por otro lado, el chico incómodo se pone nervioso porque tiene miedo al rechazo. Cree que un no es el fin del mundo. Esto hace que actúe muy con incomodidad, siendo avasallador, menesteroso o tímido, lo que hace que la chica deje de tener interés en él treinta segundos después del primer contacto.

La parte triste de todo esto se reduce a una simple creencia: el chico nervioso piensa que hay una cantidad limitada de chicas en el mundo, mientras que el chico tranquilo sabe que hay muchas chicas en el mundo. Si un chico cree que es bueno con las chicas y que hay una cantidad ilimitada de chicas a las que podría gustar, suele tener *mucho* éxito con ellas; en cambio, si un chico cree que es malo con las chicas y que hay una cantidad limitada de chicas a las que podría gustar, suele tener *muy poco* éxito con ellas.

La misma creencia de la abundancia se aplica al dinero y a la facilidad con la que puedes ganarlo.

En este capítulo explicaré los aspectos básicos de este pilar como siempre lo hago. Sin embargo, antes de comenzar quiero compartir contigo una verdad universal. El dinero *es rechazado* por personas con una mentalidad de escasez. Para las personas que piensan que ganar mucho dinero es complicado, queda fuera de su control o resulta casi imposible debido a su situación (es decir, excusas) y siempre tendrán problemas para ganar más… del mismo modo que para los chicos que piensan que conseguir gustar a muchas chicas es complicado, queda fuera de su control o resulta casi imposible debido a su situación (es decir, excusas) y siempre tendrán problemas para ligar.

La segunda parte de esta verdad es que las personas que piensan en abundancia atraerán el dinero como la miel a las moscas. Son las personas que piensan que la cantidad de dinero que pueden ganar es interminable y que, si se esfuerzan lo suficiente, es fácil de conseguir. Personas como éstas pueden tener altibajos que afecten a su riqueza, pero el dinero siempre estará a su alcance.

Esta verdad universal es la razón por la cual los ricos (por lo general) se hacen más ricos y los pobres (por lo general) siguen siendo pobres. Ésta también es la razón por la cual las personas pobres que realmente se creen que pueden ser multimillonarias suelen conseguir cierto nivel de riqueza o al menos salir de la categoría de pobres. Si piensas en ello, es imposible pensar que puedes convertirte en multimillonario si no crees que el dinero es abundante.

Dicho esto, permíteme analizar cómo la falta de sensación de abundancia paralizará tu capacidad de hacerte rico.

Antes de meterme en esto, volvamos a la analogía de las citas para hablar acerca de los extremos de este pilar. Imaginemos que estás en una discoteca llena de gente atractiva. Volver a casa con una de estas personas representa tener un negocio de un millón de dólares. Hay algunos tipos de persona que puedes ser. Lo que quiero que hagas es elegir la analogía de la mentalidad con la que más relación guardas. Y si es una de las tres primeras, entonces quiero que aprendas cómo cambiar tus creencias a la mentalidad de abundancia.

El señor Nunca-tomo-riesgos (mentalidad de superescasez)

Comparemos dinero y citas en las personas que tienen una mentalidad de superescasez. Comencemos primero con las citas. Tener una escasez extrema en las citas significa que te centras en la chica a la que te acercas pensando que no hay más chicas en el mundo, como en el ejemplo que te he explicado antes.

Tener estos sentimientos significa que nunca corres ningún riesgo. No quieres decir nada que pueda ser visto como ofensivo, porque ésta es tu oportunidad de impresionar a la única chica del mundo. Esto hace que actúes de manera normal, sin decir nada horrible, pero tampoco dices nada cautivador. No serás sobresaliente ni parecerás diferente a los otros tres chicos que se han acercado a esa misma chica a lo largo de la noche. Después de todo lo dicho y hecho, tus posibilidades de llevarte a casa a cualquier chica son prácticamente nulas.

Si ponemos el foco en el dinero, se aplican los mismos resultados. Las personas que tienen una mentalidad de superescasez con respecto al dinero *nunca* hacen nada que consideren un riesgo. Sacan buenas notas en secundaria, van a una universidad decente y consiguen trabajos seguros gracias a los que ahorran dinero hasta su muerte. (Como he explicado en un capítulo anterior, en realidad se trata de un riesgo negativo, pero nadie se entera de que esta vida típica sea arriesgada, por lo que las personas que tienen miedo al riesgo viven así). Debido a esto, probablemente nunca serán muy pobres, pero tampoco serán ricos. Su vida será modesta y fácil de olvidar, porque ven el dinero como un recurso no renovable y, como tal, nunca corren riesgos. Tienen un límite mental por lo que respecta a cuánto dinero pueden ganar y cuánto pueden ahorrar. Creen que acabarán siendo pobres si corren riesgos financieros, por lo que simplemente se quedan igual por el resto de su vida. ¿Pero cuándo jugar de manera segura (es decir, hacer lo que hacen todos los demás) ha tenido un resultado destacado?

Como máximo, tener este punto de vista te mantendrá financieramente en el montón por el resto de tu vida.

El señor Miro-pero-no-actúo (mentalidad de escasez extrema)

Si bien el señor Nunca-tomo-riesgos nunca hará nada que considere demasiado arriesgado, no se quedará de brazos cruzados. Se acercará a una chica e intentará conseguir su número de teléfono, aunque rara vez tendrá éxito porque se presiona demasiado y sólo se centra en los resultados negativos. Por su parte, el señor Miro-pero-no-actúo tiene una mentalidad de escasez tan severa que ni siquiera intenta nada. Este tipo ni siquiera tiene las agallas para acercarse a una chica en una discoteca.

Éste es el típico chico de discoteca que se queda observando a los demás y los critica. Se ríe de los desconocidos por ser «eliminados» cuando él mismo es incapaz de abandonar el banquillo en todo el partido. Su mentalidad es la de que nunca podrá ligar con una chica, así que, ¿por qué intentarlo? El miedo a perder es tan fuerte que no puede pasar a la acción.

Todos sabemos quién es esta persona cuando se trata de dinero. Es el tipo que siempre es pobre y sigue durmiendo en un futón a los treinta años sin un deseo real de tener una cama. Nunca se marca metas porque piensa que el dinero es algo que no se puede crear a voluntad. No tiene ni X ni Y ni Z, por lo que sencillamente el dinero no se puede conseguir.

Se trata de un tipo diferente de mentalidad de escasez que sigue impidiendo que la gente se haga rica. Estas personas no creen que puedan ser ricas, por lo que ni siquiera lo intentan. A menudo ven cómo otros se hacen ricos, pero ellos se mantienen en el montón (o incluso por debajo de la media) para siempre.

El señor Fuerza-bruta (mentalidad de gran abundancia)

Es mi tipo de chico favorito. Todos lo conocemos y tratamos de evitarlo, pero por lo general siempre consigue lo que quiere. Es el chico de la discoteca que es horrible con las mujeres, pero que realmente no le importa. Sabe que carece de habilidades y aún se pone nervioso al acercarse a una chica, pero intentará cualquier cosa para acostarse con ella. Su estrategia es un simple juego de números. Es evidente; veinte chicas seguidas podrían rechazarlo, pero finalmente una pensará que sus cursis estrategias para ligar son «adorables» y aceptará irse a casa con él. Este tipo actúa como un idiota y corre riesgos locos, como acercarse en solitario a un grupo de chicas o dar una palmadita al trasero de una chica incluso antes de decir hola. Sin embargo, aunque podría ofender a toda la discoteca con su actitud desagradable, rara vez se va solo a casa al terminar la noche.

Si bien este tipo es horrible con las mujeres, cree que finalmente ligará con una, y acabará haciéndolo. Su mentalidad de abundancia compensa su total carencia de habilidades sociales.

Es consciente de que en el peor de los casos sólo obtendrá el rechazo. No va a morir si falla y sabe que tiene intentos ilimitados.

Este tipo tiene exactamente la misma mentalidad que los empresarios que a menudo ves en la tele que se equivocaron veinte veces, pero que acabaron haciéndose millonarios en su vigesimoprimer intento. En riqueza, sólo se necesita «echar un polvo» una vez. Sam Walton (el creador de Walmart)[9] era una de estas personas; tuvo que esperar hasta los sesenta años para acabar «echando un polvo» con su idea de Walmart.

Si bien esta visión de la abundancia tiene un riesgo elevado, si juegas a un juego muchas veces, acabarás siendo lo suficientemente bueno y tomarás las decisiones correctas necesarias para ganar. Al igual que el señor Fuerza-bruta, también tienes intentos ilimitados.

En el peor de los casos, tu negocio fracasará e irás a la quiebra. Llegados a este punto, simplemente tendrás que volver a intentarlo ahorrando en un trabajo de mierda mientras haces crecer tu próximo negocio.

No hay pena de muerte por fracasar en los negocios; simplemente tendrás deudas y serás pobre durante un tiempo. ¿Pero sabes qué? ¡Ya eres pobre! Si no puedes comprar un Ferrari en efectivo o coger un vuelo para ir a las Islas Caimán en las próximas cuatro horas, entonces supongo que no eres tan rico como pretendes ser.

Soy consciente de que todo esto puede parecer extremo, sobre todo para los principiantes que leen este libro, pero debes tener una mentalidad extrema para tener éxito en este mudo. Si no estás dispuesto a arriesgarlo todo, simplemente no lo deseas lo suficiente. Y como he dicho una y otra vez, si no lo quieres lo suficiente, nunca lo lograrás.

En pocas palabras, puedes ver que tener una mentalidad de abundancia y creer con todo tu corazón que ligarás (en los negocios), hará que finalmente ligues. La cuestión es que, al igual que con las citas, debes aprender de cada error. Al final dejarás de cometer los mismos errores e incrementarás tus posibilidades de éxito cada vez que hagas otro intento. ¡Y conseguirás convertirte en el tipo más poderoso en el «bar del dinero»!

---

9. Con más de 2 millones de empleados repartidos en una treintena de países, Walmart es la cadena minorista más grande del mundo y en 2014 declaró más de 16 000 millones de dólares de beneficios. Fundada en 1962 por Sam Walton (1918-1992), es una empresa familiar, ya que sus descendientes aún poseen casi el 50 % de las acciones. *(N. del T.)*

El señor Hombre-de-las-damas
(mentalidad de abundancia educada)

Éste es el chico de la discoteca que no tiene que tratar de conseguir chicas. Sabe que es guay, tiene habilidades sociales increíbles, probablemente es bastante guapo y está al 100 % seguro de quién es. Gracias a esto, cuando está en la discoteca, simplemente se divierte. Habla con todos los que lo rodean y conoce a las chicas sólo por ser quién es. Las chicas se sienten atraídas por él porque se divierte y no está desesperado por impresionarlas.

Asume riesgos sociales calibrados. Entiende a las personas y sabe que no gustará a todo el mundo (porque no hay una sola persona en este planeta que sea del agrado universal de todos). Está de acuerdo con este hecho y no deja que le afecte porque tiene confianza en quien es. Es encantador por naturaleza y tiene un gran conocimiento sobre cómo los seres humanos interactúan los unos con los otros. Gracias a esto, sabe adivinar el resultado de determinadas acciones incluso antes de llevarlas a cabo. Siempre hay un riesgo, pero entiende que el resultado negativo no sería grave y sabe cómo atenuar este riesgo, por lo que apenas le afecta.

Esto da como resultado que el señor Hombre-de-las-damas ligue muchas noches. Sabe que hay millones de mujeres en el mundo y también sabe qué quieren las mujeres de un hombre (para una noche, al menos).

Esto es *exactamente* lo mismo que ser un emprendedor con mentalidad de abundancia educada. Todos los emprendedores que conozco creen que pueden ganar dinero ilimitado y saben que el dinero es ilimitado. También entienden cómo funciona el dinero y, esencialmente, qué quiere el dinero de un hombre. Mi objetivo es llevarte a este punto hacia el final del libro.

El tema de este capítulo es que cuando sepas todo lo que hay que saber sobre el dinero, una mentalidad de abundancia te empujará a asumir los riesgos necesarios para ganar *mucho* dinero. Tengo amigos que casi siempre pueden predecir el mercado de valores, pero siguen trabajando detrás de una mesa. ¿Te imaginas qué pasaría si se arriesgaran a dejar sus trabajos e invirtieran en el mercado de valores? Tendrían tanto dinero que no sabrían qué hacer con él. Pero la falta de mentalidad de abundancia los frena. (Además, ¿no es absurdo que tanta gente vea el cambio en general como algo aterrador? ¿Incluso aunque haya una mayor probabilidad de tener éxito después de que se produzca el cambio?).

Es difícil tener abundancia sin abundancia

Al igual que con la mayoría de cosas en la vida, es difícil tener una creencia sin las acciones asociadas a ella, lo que significa que es difícil (pero no imposible, obviamente…, ¡por esto escribí este libro!) tener una mentalidad de abundancia sin tener realmente abundancia. ¡Pero, para empezar, necesitas una mentalidad de abundancia para tener abundancia! Por culpa de este círculo vicioso, tenemos que cambiar nuestras creencias para engañar al cerebro para que piense que vivimos en la abundancia (lo que explicaré en el próximo apartado de este capítulo).

¿Recuerdas al señor Fuerza-bruta? La mayoría de los chicos que conocí cuando era preparador de citas comenzaron como el señor Fuerza-bruta antes de convertirse en el señor Hombre-de-las-damas. El señor Fuerza-bruta experimentaba las situaciones que reforzaban la mentalidad de abundancia a pesar de que no tenía abundancia (todavía). En este punto, para convertirse en el señor Hombre-de-las-damas, todo lo que tenía que hacer era tranquilizarse un poco y entender cómo limitar sus fracasos. Tenía la mentalidad, pero necesitaba adoptar algunos de los otros pilares de este libro para tener éxito a la hora de ligar.

De todos modos, el desafío es comprender las acciones que debes emprender para conseguir tener esta mentalidad. Como siempre, déjame que te lo explique.

Cómo lograr la abundancia como recién llegado a la riqueza

En realidad, tener una mentalidad de abundancia no tiene nada que ver con tener dinero o gastar dinero. Puedes ser extremadamente pobre y aun así dominar esta mentalidad, y tener esta mentalidad finalmente te llevará a acciones que te harán rico. La razón de esto es porque no se trata de tener dinero, sino de saber que siempre hay una manera de ganar más dinero.

Déjame que te lo explique. Cuando tienes una mentalidad finita, tu único enfoque es cómo ahorrar dinero inteligentemente y cómo gastar dinero inteligentemente. Tienes una mentalidad en la que no crees que el dinero se pueda generar a demanda. Las personas que tienen un trabajo de ocho a cinco que odian, pero al que no renuncian, son un buen ejemplo de esta mentalidad. Cada uno de tus pensamientos es evitar riesgos percibidos (negativos) y ahorrar dinero. Naturalmente, esto te impedirá avanzar de manera significativa.

Cuando intentaba salir de la Fuerza Aérea y comencé a trabajar en SEO, no tenía mucho dinero. Sin embargo, conocí y hablé con mucha gente que estaba haciendo el agosto con el *marketing* en Internet. Simplemente reuniéndome y hablando con estas personas adopté la creencia de que yo también podría tener éxito en este negocio, porque eran como yo. Y si ellas podían hacerlo, yo también podría.

Debido a esto, no me centré en vivir dentro de mis posibilidades y en mantener unos ingresos. En vez de ello, me centré en darme más posibilidades de ganar tanto dinero como fuera posible. Encontré un alquiler baratísimo en una ciudad universitaria que estaba muy por debajo de mis posibilidades y me despertaba todos los días con el objetivo de ganar dinero. No me centré en ahorrar dinero porque la idea de ahorrar (no hacer ni comprar todo lo que quieres) contradice la idea de abundancia.

Con lo que necesitas quedarte de esta historia es que mi único objetivo era ganar dinero porque sabía que en el mundo había abundancia de él. Por esto tomé medidas que me llevaron a donde estoy hoy en día.

Dicho esto, la mejor manera de empezar a avanzar hacia una mentalidad de abundancia es escribir mentalmente un cheque de un millón de dólares que podrás cobrar mentalmente cuando tu negocio tenga éxito. Cada vez que tengas que decidir sin invertir en tu negocio o ahorrar el dinero, recuerda que te espera un millón de dólares. Los 50 o los 1000 dólares que tienes que gastar en *software,* en herramientas educativas o en un corrector ortotipográfico *freelance* para el sitio web serán ridículos cuando cobres ese cheque mental. Deja de preocuparte por los 50 centavos que estás ahorrando con un bono de Walmart y comienza a centrarte en cómo aumentar tu patrimonio neto en 10 000 dólares al día.

No estoy diciendo que debas comprarle a tu novia un bolso nuevo de 3000 dólares porque sabes que algún día tendrás un millón de dólares. Sencillamente, quiero decir que no tengas miedo de gastar el dinero que necesitas para hacer crecer tu negocio… y, obviamente, para comer y vivir. Por lo tanto, no gastes tu dinero sólo por gastarlo y no te preocupes del dinero sólo por preocuparte. Ahorra tanto dinero como puedas sin preocuparte ni estresarte por cada centavo. Cambia tu enfoque de «cómo ahorrar el dinero que ya tengo» a «cómo ganar más dinero hoy». Además, aprende a gastar tu dinero de manera inteligente y cree que saldrá más dinero de él. Si te centras únicamente en su conservación, nunca podrás expandirlo.

Cómo adoptar la abundancia como veterano de la riqueza

El mayor desafío que veo cuando los emprendedores ya han comenzado a ganar dinero es que rápidamente se estancan porque no saben cómo gastar inteligentemente el dinero. Si bien tienen dinero, se limitan a guardárselo en el bolsillo y tratan de gastar lo menos posible. Pero es importantísimo recordar que hay una diferencia entre gastar dinero e invertirlo.

Si bien hacer las cosas al precio más barato posible y ser inteligente con los gastos de nuestro negocio son cosas buenas, acumular dinero por miedo es extremadamente perjudicial para el negocio (y para el bienestar mental). Conozco emprendedores que están por ganar millones de dólares, pero no contratarán personal ni gastarán dinero en publicidad por miedo. Puedo enseñarles un montón de estadísticas que demuestran que ganarán el dinero a puñados, pero aun así agarran cada dólar que ganan como si fuera el último que verán.

Al igual que en la vida, si haces lo mismo una y otra vez en los negocios, nada cambiará ni crecerá. No puedes esperar que tus resultados cambien drásticamente si tus acciones no cambian drásticamente primero. Esto es más cierto aún cuando se trata de invertir en tu negocio. Mi mejor consejo para ti es identificar algunos lugares donde puedas crecer y encontrar una manera de demostrarte matemáticamente que conseguirás un retorno. Encuentra maneras de gastar tu dinero para poder expandir tu negocio y comenzarás a ver cómo crece a un ritmo alarmante.

Muchos emprendedores tienen una mentalidad de abundancia cuando comienzan, pero cuando tienen algo que perder vuelven a convertirse en un troll acumulador de oro. No seas uno de estos emprendedores, porque tu competencia acabará atrapándote y tu negocio de baja inversión pronto colapsará.

Cada vez que sientas escasez en tu vida, comienza a buscar maneras de expandirte. Debes mantener la abundancia en tu vida y seguir dándote pruebas de que hay abundancia. Las mejores maneras de demostrártelo son haciendo crecer tu negocio y haciendo todo lo posible para crear más riqueza.

La abundancia es progreso, la escasez es falta de progreso

Este titular lo resume todo. A veces, los negocios pueden ser un campo de minas, pero si nunca intentas atravesar un campo de minas porque tienes demasiado miedo de lo que podría pasar, ni siquiera te das la oportunidad de llegar al otro lado.

Los combatientes del tráfico se centran en acumular cada centavo que ganan para poder gastarlo más adelante. Los emprendedores inteligentes se centran en gastar cada dólar que necesitan para poder ganar en el futuro diez dólares por cada dólar invertido.

Hay dinero ilimitado en el mundo y puedes tomar medidas ilimitadas para conseguirlo. Lo único que frena estas acciones es la escasez. Puedes hacer frente a esto aplicando inmediatamente el quinto pilar en tu vida.

Sexto pilar

Olvídate del «qué pasa si» y céntrate en «lo que pasa»

Voy a comenzar este capítulo con una pequeña historia inventada. Ben y Roy empezaron a trabajar en un concesionario de automóviles el mismo día. Ambos hombres eran muy similares: tenían exactamente la misma educación, la misma formación y la misma cantidad de dinero en el banco. La única diferencia entre ambos era que Ben siempre estaba pensando en qué pasaría si, mientras que Roy sólo estaba centrado en los problemas que tenía delante, es decir, en el qué pasa.

En su primer día de trabajo, Ben se pasó todo el día observando a otro vendedor y leyendo libros sobre ventas. Tenía mucho miedo de equivocarse y quería poder cubrir cualquier situación posible antes de hablar con un cliente.

Roy, por otro lado, se dio cuenta de que sólo tenía un «problema» (y una cosa en la que centrarse): conseguir que los clientes compraran automóviles. Por esto, se pasó su primer día en el trabajo acercándose a los clientes e intentando conseguir ventas. Pronto se dio cuenta de que era un vendedor bastante malo y que los clientes no respondían a sus argumentos de venta. Esa noche se fue a casa y pasó unas horas en Google tratando de descubrir qué había hecho mal y cómo podría solucionarlo.

Ninguno de los dos consiguió vender un coche ese primer día.

A la mañana siguiente, Ben vio algo en las noticias sobre un vendedor de automóviles en otra ciudad que fue demandado por vender un vehículo defectuoso. Si bien el jefe de Ben le aseguró que no había automóviles defectuosos en el concesionario, Ben seguía preocupado por si un día lo demandaban por el mismo motivo. Estaba tan concentrado en esa noticia que se pasó el segundo día aprendiendo sobre automóviles defectuosos e inspeccionando todos los coches de su sección por si había algún defectuoso.

Por su parte, Roy siguió trabajando en su único problema: vender automóviles. Gracias a las búsquedas del día anterior, aprendió un truco para cambiar su argumento de venta. Esto facilitó que esa mañana vendiera su primer coche. Estuvo a punto de vender otros dos, pero perdió a los clientes durante la negociación. Roy se dio cuenta de que su nuevo problema era negociar. Después del trabajo, se fue a casa, se sentó delante del ordenador y se concentró en aprender cómo negociar.

En su segundo día de trabajo, Ben no vendió ningún automóvil y Roy vendió uno.

Al tercer día, Ben habló con Roy y Roy le explicó que negociar le supuso un problema. Ben, que a estas alturas aún no había hablado con ningún cliente, decidió que necesitaba aprender a negociar antes de pasar a la acción. Se pasó el día caminando por la sección y preguntando a otros vendedores cómo negociar.

Roy, por su parte, vendió cuatro coches gracias a su gran argumento de venta y porque aprendió que era más probable que los posibles compradores compraran un vehículo si les ofrecía un descuento para los asientos de cuero.

En su tercer día de trabajo, Ben no vendió ningún automóvil y Roy vendió cuatro.

Al día siguiente, un cliente que había comprado un coche el día anterior se enfadó con Roy porque éste no había sido preciso con algunos detalles del vehículo, ya que tenía mucha prisa por vender coches. Roy se disculpó y devolvió el dinero al cliente. Ben lo vio y tuvo miedo de que le pasara a él, por lo que se pasó el día memorizando todos los detalles de todos los vehículos de su sección.

Mientras Ben memorizaba los detalles de los coches, Roy solucionó el problema y luego repitió el mismo proceso que utilizó el día anterior. Gracias a esto, vendió seis vehículos.

En su tercer día de trabajo, Ben no vendió ningún automóvil y Roy vendió seis.

El quinto día, el propietario llamó a su oficina a ambos vendedores. A esas alturas, y a pesar de que Roy había cometido algunos errores, había vendido once vehículos. También sabía cómo corregir sus errores, ya que los había tratado de primera mano. En cambio, Ben no había cometido ningún error, pero no había vendido ningún coche. Había aprendido a solucionar un montón de problemas hipotéticos, pero no tenía experiencia en el mundo real con los errores ni con las soluciones potenciales o necesarias.

Su jefe le dio a Roy un cheque extra y le agradeció todas las nuevas ventas. También dijo que Roy estaba en el buen camino para ser el mejor vendedor del concesionario. Luego el jefe se giró hacia Ben y le dijo:

—Ben, necesitamos personas que puedan conseguir ventas. ¿Por qué no has vendido ni un solo coche esta semana?

—Sé que no he vendido ningún automóvil, pero quería prepararme bien primero para no cometer ningún error con mis clientes. Vi los problemas de otros vendedores con clientes enfadados por olvidar detalles del coche y sus quejas, y quería asegurarme de poder evitarlos antes de que pasen –respondió Ben.

—Todos estos problemas que has planteado no son motivo de preocupación. Nunca hemos sido demandados por automóviles defectuosos, y todos saben que los clientes a veces se enfadan. No debes centrarte en problemas potenciales; tu enfoque debe ser lo que hay justo delante de ti. En este momento, estás vendiendo automóviles. Si no puedes vender un coche hoy, entonces tendremos que despedirte –sentenció su jefe.

Durante el resto del día, Ben intentó vender un coche, pero se encontró con los problemas reales que Roy tuvo en su primer día: no tenía un argumento de venta. Esto significaba que no podía resolver su problema más inmediato, que era conseguir una maldita venta.

Al final del día, Ben fue despedido por su bajo rendimiento. En cambio, Roy vendió otros siete vehículos. En un mes, Roy era el mejor vendedor del concesionario de automóviles porque cada día se centraba en los problemas que tenía delante y entonces descubría cómo resolverlos. Al terminar el mes, tenía el argumento de venta más letal del concesionario. Cometió algunos errores importantes en ese momento, pero al cometer esos errores, aprendió a solucionarlos.

¿Por qué fracasó Ben y Roy tuvo éxito a pesar de tener un currículum idéntico y los mismos incentivos? Es bastante simple y se reduce a una cosa: Roy tomó medidas y resolvió los problemas cuando éstos se convirtieron en problemas, mientras que Ben tomó muy pocas medidas y se centró únicamente en problemas hipotéticos. Estaba bloqueado en una «parálisis de la perfección» y, por culpa de esto, no pudo avanzar ni, mucho menos, tener el éxito que tuvo Roy.

De esto trata el sexto pilar. Para alcanzar tus objetivos, debes dar un determinado número de pasos (acciones) para llegar allí. Al dar estos pasos, naturalmente te encontrarás con problemas. Pero, como ya sabemos ahora, la mejor manera de aprender es experimentando algo tú mismo. No hay forma posible de predecir y prevenir con precisión cada potencial problema. Y aunque pudieras, no serías capaz de entender realmente el problema a menos que lo experimentaras. Por ejemplo, imagina que alguien te ha enseñado cómo arreglar una tostadora, pero nunca antes habías visto una tostadora. Las situaciones son completamente diferentes desde una perspectiva externa en comparación con cuando las encaras de frente.

De hecho, una vez que comiences a dar tus pasos, es poco probable que se den las situaciones que habías pensado que serían un problema y en cambio otras situaciones que ni siquiera te habían pasado por la cabeza pueden darte una patada en el trasero. La cuestión es que planificar cada uno de los posibles problemas potenciales antes de pasar a la acción no te ayudará a tener éxito. Se prolongará el tiempo necesario para alcanzar tu objetivo o incluso no llegarás a alcanzarlo, como le pasó a Ben en el ejemplo anterior. Si pretendes progresar en tu terreno o en tu negocio, debes dejar de pensar y de planificar, y simplemente pasar a la acción.

En los últimos años he trabajado directa o indirectamente con miles de personas que trataban de construir un negocio *online*. Ya sea que hubiera conocido a esas personas a través de *coaching* directo o mediante *coaching* de grupos en plataformas de educación *online,* siempre he observado una tendencia evidente. Las personas que pasan a la acción de manera imprudente suelen ser las que tienen éxito. En cambio, aquellas personas que piensan demasiado mientras intentan que todo sea perfecto en el primer intento suelen ser las que nunca consiguen el éxito. ¿Por qué? No avanzan porque no nunca pueden conseguir que todo sea perfecto y acaban abandonando, completamente frustradas.

Por eso este pilar es tan importante. En el cuarto pilar, te he dicho que debes asumir la responsabilidad de todo lo que pasa y hacer todo lo posible para predecir las situaciones. Y, como con todos los pilares, se trata de conseguir un equilibrio entre todo. Sí, debes tomar el control total de la situación, pero también debes tomar las medidas o los pasos necesarios para lograr tu objetivo. Si no lo haces, quedarás atrapado en la parálisis de la perfección.

La parálisis de la perfección se da cuando estás tan centrado o preocupado por hacer las cosas bien que nunca haces un movimiento (como Ben). Quiero que imagines a un jugador de hockey sobre hielo que intenta dominar el lanzamiento del puck. Podría leer todos los libros editados o ver todos los vídeos publicados al respecto y apuntarse el equipo de hockey local. Sin embargo, para progresar tiene que golpear el maldito puck. Hay mil y una cosas que podrían salir mal una vez que ha lanzado el puck, pero el único problema real que tiene ahora es que ni siquiera ha hecho un lanzamiento.

Una vez que haga un lanzamiento, los problemas aparecerán de manera natural. Y cuando aparezca un problema, tendrá la oportunidad de aprender de él y corregirlo. Más adelante, cuando surjan más problemas, también los solucionará. Centrarse en problemas que no han surgido aumentará tu estrés y posiblemente incluso te disuadirá de alcanzar tu objetivo. ¿Cuántas veces has pensado en un negocio pero nunca lo has iniciado porque pensaste en los posibles problemas que podrían aparecer?: «¿Qué pasa si nos declaramos en bancarrota?», «¿Qué pasa si nadie compra mi *software?*», «¿Qué pasa si algún famoso compra mi producto y lo critica en Internet?».

Si te centras en los problemas cuando éstos aparecen (no antes ni después), tendrás más tiempo, más energía y más espacio mental para analizar cuál es la situación real en comparación con lo que podría pasar. Volviendo a la analogía del hockey, ésta es la razón por la cual un tipo con poca experiencia que hecho dos mil lanzamientos siempre lo hará mejor que uno con diez años de experiencia pero que nunca se ha calzado unos patines. Mejor aún, el que ha hecho dos mil lanzamientos sabrá exactamente cuándo necesita entrenar y qué debe practicar.

Déjame darte un ejemplo personal.

Uno de mis primeros negocios importantes fue enseñar a las personas cómo conseguir clientes para sus negocios de optimización de motores de búsqueda (SEO, Search Engine Optimization). En mi opinión, éste es uno de los negocios más rentables y más fáciles de comenzar.

Ahora, en mi formación le explico a la gente que lo más importante que debe aprender es a vender, y la mejor manera de aprender a vender consiste en adquirir experiencia en las ventas. Sí, estas personas deben ser eficientes al proporcionar el servicio que están vendiendo. Sin embargo, no importa cuán buenas sean estas personas en SEO, no se les pagará hasta que aprendan a vender sus servicios de SEO y consigan su primer cliente. ¿Lo captas?

Uno de los mayores desafíos que veía es la parálisis de la perfección. Veía que las personas se pasaban meses aprendiendo SEO y formulando toneladas de preguntas sobre la venta, pero nunca levantaban el teléfono para vender. Constantemente me hacían preguntas muy específicas sobre la prestación del servicio, asuntos legales y todos los posibles problemas que te puedas llegar a imaginar. Al final, muchos no ganaban dinero porque ignoraban mi consejo inicial de vender, vender y vender.

De todos modos, quiero explicarte la historia de una persona que siguió mi consejo. Se llama Kotton Grammer. Entró en mi grupo sin trabajo y prácticamente arruinado. En un seminario web, me hizo una pregunta irrelevante e improbable del tipo «qué pasa si...». Le respondí de inmediato: «Eso probablemente nunca pasará, así que no pienses en eso. Céntrate en el problema que tienes actualmente. Tu único problema ahora es que conseguir clientes, así que sal a buscar clientes».

Kotton se lo tomó en serio y comenzó a centrarse únicamente en conseguir clientes a pesar de que aún estaba nervioso por la prestación del servicio. Después de unos tres meses de centrarse completamente, consiguió su primer cliente.

A estas alturas, el nuevo problema de Kotton era proporcionar el servicio. Se centró en este problema y sólo necesitó una semana para conseguir resultados del cliente. (Ya tenía la confianza, la capacidad intelectual y el conocimiento de fondo para dominar este servicio en particular, lo que explica que fuera en esa dirección en primer lugar).

Después de esta venta, Kotton se convirtió en una máquina de vender. Consiguió otro cliente, y otro, y otro... Dominó por completo el único problema inmediato que tenía, que no era otro que «vender sus servicios y conseguir clientes». En un año, Kotton pasó de estar en bancarrota y desempleado a conseguir más de 100 000 dólares netos al mes vendiendo servicios de SEO a grandes empresas.

Un año después, Kotton estaba ganando más de 400 000 dólares al mes vendiendo servicios de SEO. También se ha convertido en uno de los mejores vendedores de SEO (si no el mejor) de todos los tiempos. Sí, es una historia real. Y no, no estoy exagerando.

¿Cómo demonios lo consiguió? Lo hizo intentándolo constantemente y solucionando los problemas que se le presentaban. En lugar de centrarse en las mil y una cosas que podrían salir mal, se centró en su único problema del momento. Primero, se centró en captar clientes. Una vez que consiguió su primer cliente, *entonces* se centró en su siguiente problema: proporcionar el servicio. Al centrarse únicamente en el problema en cuestión, los resolvió de uno en uno y pronto acabó dominándolos todos.

En algún momento debes dejar de pensar en lo que puede pasar y centrarte en lo que pasa. Ir hacia adelante es el nombre del juego y preguntarse qué podría pasar no te ayuda a ganar. Obsesionarse con lo que puede pasar te mantiene ansioso y estresado, y no te permite salir de la limitada zona de confort. La acción es lo único que te hace avanzar y que da lugar a un verdadero conocimiento.

Sin embargo, desde que nacemos se nos enseña a pensar en términos de «qué pasaría si…». Se nos hace creer que el fracaso es definitivo y que los errores son inaceptables. Cuando pensamos en hacer algo, pensamos cosas como «¿Qué pasa si esto no está bien» o «¿Qué pasa si no lo puedo hacer?». Estos pensamientos son naturales por culpa de lo que nos enseña nuestra cultura, pero si dejamos que estas creencias negativas y preocupantes nos controlen, terminaremos como Ben, el vendedor de automóviles despedido.

Para alcanzar nuestros objetivos, tenemos que reorganizar en nuestra cabeza cómo vemos los fracasos, los errores y las meteduras de pata. Y ahora verás cómo.

Date prisa y hazlo mal

Como has visto en la historia de los vendedores de automóviles, equivocarse no es lo peor que puedes hacer en la creación de riqueza. Lo peor que puedes hacer cuando intentas alcanzar tus objetivos es no hacer nada en absoluto. De hecho, en la mayoría de los casos, equivocarse al principio puede ser mucho más beneficioso que hacerlo bien a largo plazo. Déjame que me explique.

La mayoría de la gente piensa que la verdadera educación y las habilidades se enseñan con la acción. Si bien esto es cierto, la mejor manera de aprender no es únicamente actuando, sino cometiendo errores. Puedes leer un libro de programación, pero no te convertirás en un experto hasta que empieces a programar de verdad. Más aún, no aprenderás las lecciones más importantes de la programación hasta que tu primera aplicación explote ante tus morros.

Y a continuación te voy a poner otro ejemplo del mundo del hockey. Puedes ver a la gente jugando al hockey todo el día sentado desde el banquillo, pero no empezarás a progresar hasta que te calces unos patines. Además, no te convertirás en un experto hasta que pases vergüenza y tu entrenador te chille. ¿Por qué? Porque para que un ser humano aprenda, debe experimentar directamente lo que está bien y lo que está mal. ¡No puedes experimentar la forma correcta o incorrecta de hacer algo hasta que lo hagas todo tú!

Anteriormente en este libro he mencionado que pasar por alto un pequeño detalle en un procesador de pagos (¿recuerdas cuando mi empleado se olvidó de comprobar una cuenta específica?) me costó unos 20 000 dólares. Durante mi carrera, errores como éste han pasado muchas veces. He perdido el culo en publicidad. He tenido páginas de ventas colgadas con miles de clientes visitándolas. Una vez hablé en directo durante dos horas con más de mil personas, y cuando llegué a la parte principal de mi discurso, me di cuenta de que no tenía una forma de aceptar pagos con tarjeta de crédito para nuestro *software*. Es probable que este error me costara 40 000 dólares. ¿Pero sabes qué? Desde entonces, nunca comienzo un evento *online* sin probar personalmente nuestro proceso de pago.

En pocas palabras, ha habido momentos en los que *realmente* me he equivocado. Sin embargo, gracias a estos errores, he aprendido lecciones que la mayoría de la gente nunca aprenderá. También he podido hacer que mi negocio sea tres o cuatro veces más rentable en el proceso. Esencialmente, mi negocio se basa en lecciones que nacieron de errores, y la mayoría de los otros negocios exitosos son exactamente de la misma manera.

Antes de ir al grano, no estoy diciendo que no debas tratar de evitar los errores. Lo que digo es que no puedes dejar que el miedo a equivocarte te impida pasar a la acción. Imagina qué hubiera pasado si el miedo a equivocarme me impidiera trabajar en estos proyectos. Claro, nunca me hubiera equivocado y habría mantenido mi boletín de notas de emprendedor sin ningún borrón. Sin embargo, el éxito (y el dinero) al que conducen estos errores tampoco habría surgido.

En resumen, la acción casi siempre conducirá a errores. Pero sin pasar a la acción nunca alcanzarás el éxito. Por lo tanto, hay muy pocas posibilidades de alcanzar el éxito sin cometer errores.

La principal lección que estoy intentando meter en tu cabeza es que cuanto antes cometas tus errores, antes alcanzarás tu éxito. Cuando comiences un negocio en el que no tengas experiencia, habrá un período de tiempo en el que simplemente lo harás horriblemente mal. Todo te saldrá mal y cometerás muchos errores devastadores. Estos errores pueden llevarte por delante, hacerte sentir estúpido o disuadirte de continuar, pero debes esforzarte al máximo para combatir estos pensamientos negativos. Lo que debes hacer es actuar para aprender de estos errores y superarlos lo antes posible.

De ahora en adelante, debes creer que la definición de un error es «una lección que te hará ganar dinero en el futuro» en lugar de la definición de combatiente del tráfico de «una razón para no actuar».

¿Qué pasa si eres pobre por el resto de tus días?

Ahora que entiendes que los «qué pasa si...» son obstáculos para el éxito, estoy aquí para enseñarte cómo deshacerte de tu mentalidad de qué pasaría si y adoptar una mentalidad de qué está pasando.

Cada vez que se te presenta un «qué pasa si...» que frena una acción, debes preguntarte lo siguiente:

- ¿Qué pasa si no actúo en pos de mi objetivo?
- ¿Qué pasa si soy pobre por el resto de mi vida?
- ¿Qué pasa si no logro alguno de mis objetivos?
- ¿Qué pasa si tengo que trabajar en este trabajo que odio durante los próximos treinta años?
- ¿Qué pasa si no puedo mantener a mi familia?
- ¿Qué pasa si termino lamentando todo esto en mi lecho de muerte?

Adelante, pruébalo. Piensa en algunos de los grandes problemas que te impiden comenzar un negocio o tratar de hacerte rico. Escríbelos si es necesario. Luego pregúntate los «qué pasa si...» de arriba. A veces, simplemente escribiendo tu actual «qué pasa si...» junto al anterior «qué pasa si...» comenzarás a cambiar tu línea de pensamiento. Si no es así, escribe las respuestas a todas las preguntas. Por ejemplo:

«Qué pasa si...» actual: ¿Qué pasa si mi primer negocio falla?

Respuesta: Perderé algo de dinero y sentiré que he perdido mi tiempo.

«Qué pasa si...» más importante: ¿Qué pasa si no llego a alcanzar mis objetivos?

Respuesta: Me decepcionaré, tendré que cuidar el bolsillo hasta que muera y nunca podré pagar la universidad a mis tres hijos.

Piénsalo. ¿Es más aterradora la idea de fallar en tu nuevo negocio, que la idea de vivir de nómina en nómina por el resto de tu vida?

¿Es más aterrador el hecho de perder un cliente porque te has arruinado que hacer un repaso de tu vida cuando seas mayor y lamentarte por ni siquiera haberlo intentado?

¿Es la idea de que podrías tener dificultades para triunfar en los próximos años peor que trabajar diez horas al día en un trabajo de combatiente del tráfico durante los próximos treinta o cuarenta años de tu vida?

Ahora puedo decirte que el miedo a mirar hacia atrás en mi vida y no hacer algo importante es mayor que cualquier «qué pasa si…» que tenga hoy. Por esto, no estoy abrumado por las pequeñas dudas que se cuelan en mi vida.

A veces, la única forma de dominar un miedo es motivarte con un miedo más grande. Debes encontrar cosas que sean completamente inaceptables y utilizarlas para apartar las quejas que tienes hoy. De todos modos, no siempre basta con esto.

La mayoría de las veces no bastará con querer ser rico para apartar tus «qué pasa si…». Debes comprender que, como seres humanos que somos, estamos mucho más motivados para evitar el dolor que para lograr ganancias. Como he mencionado anteriormente en este libro, si tu situación actual es aceptable, entonces es muy probable que no tengas una gran motivación para librarte de ella. Éste es el motivo por el cual muchas personas quieren ser ricas, pero nunca se hacen ricas debido a sus «qué pasa si…».

Lo que debes hacer es encontrar los «qué pasa si…» emocionalmente dolorosos que pueden hacer que ignores por completo tus «qué pasa si…» temporales y quejumbrosos.

Piensa en ello. En mi caso, quería tener éxito porque me hicieron *bullying* cuando era niño y mi trabajo era insoportablemente malo. En mi vecindario todo el mundo intentó hacerme sentir estúpido e inferior. Sin embargo, en lugar de hacerme sentir inferior, estos matones me empujaron a ser superior. Quería enseñarles a todos que no sólo era tan inteligente como ellos, sino que en realidad era más inteligente y más decidido que ellos. Quería tener éxito para poder plantárselo en los morros. Aparte, temía quedarme en aquel horrible trabajo que tenía en el Ejército, del que ya he hablado en el primer capítulo. Estos factores combinados me provocaron muchísimo estrés emocional.

En ese momento, mis «qué pasa si…» eran: «¿Qué pasa si me ven como un fracasado toda mi vida?» y «¿Qué pasa si tengo que trabajar en este trabajo por el resto de mi vida?». Para ti, estos «qué pasa si…» pueden parecer superficiales o francamente tontos, pero me cabrearon lo suficiente como para hacer que tuviera éxito.

El único deseo de querer hacerte rico nunca apartará tus «qué pasa si…». Tus «qué pasa si…» empresariales podrían provocarte dolor si fracasas, mientras que las circunstancias actuales de tu vida no te causan dolor. El posible dolor frente al confort actual no te empujará a trabajar duro y tener éxito. Debes encontrar una agonía actual mucho más profunda para provocar un cambio.

Por lo tanto, tómate un descanso y piensa en qué cosas serían insoportables si no llegas a cambiar nunca tu estilo de vida y te quedaras en tu trabajo actual con tus ingresos actuales, tu casa, tu coche, tus pasatiempos y tu horario diario. Tal vez sea fracasar a ojos de los demás. Tal vez sea tu trabajo de mierda actual. Tal vez sea vivir una vida mediocre. Tal vez sea vivir de nómina en nómina. O tal vez sea no ser capaz de amortizar tu casa.

Sea lo que sea, identifícalo. Luego, cada vez que te enfrentes con «qué pasa si…» empresariales sin sentido, sustitúyelos por los «qué pasa si…» realmente dolorosos que acabas de identificar.

Como siempre, los pasos siguientes son un poco más detallados y se basan en el lugar en el que te encuentras en tu vida empresarial.

Veámoslos.

Gestionar los «qué pasa si…» como principiante

Los «qué pasa si…» son esencialmente una inyección letal para principiantes en la generación de riqueza. Desde el momento en el que nacemos, se nos enseña a seguir la ruta segura. Por eso nos preguntamos «qué pasa si…» ante cualquier idea que se nos presente. Además, se nos educa para no avanzar hasta que se hayan resuelto nuestros «qué pasa si…».

Como has aprendido (con suerte) en este libro, la ruta segura de la sociedad no es demasiado segura, y la falta de acción equivale a ser pobre. Por lo tanto, si eres un principiante en la generación de riqueza, debes superarlo.

Como he mencionado anteriormente, he trabajado con muchos principiantes a través de grandes grupos de *coaching* empresarial. Ya no lo hago, y he aquí el porqué: podría ofrecer un plan de negocios completo a los principiantes y, en vez de actuar, crearán sus «qué pasa si…». Aún peor: no avanzarán hasta que alguien les resuelva estos «qué pasa si…». Una vez resueltos los «qué pasa si…», pensarán que finalmente podrían empezar a actuar, ¿verdad? ¡No! Siguen creando más «qué pasa si…». Me saca de mis casillas.

Veré a la gente formular una pregunta y no dar un solo paso adelante con su negocio hasta que se responda, aunque se tarde semanas en responder. Entonces formularán otra pregunta tan pronto como se resuelva la primera, lo que dará como resultado más esperas. Por culpa de todos sus «qué pasa si…» y de todas estas esperas, terminan dando dos pasos de los veinte mil necesarios para alcanzar su objetivo... en el lapso de un mes entero.

En resumen, la mayoría de principiantes nunca se centran en el «qué pasa si...» que está justo delante de sus narices. No se centran en las acciones inmediatas que necesitan llevar a cabo porque están demasiado ocupados centrándose en los «qué pasa si...» del futuro.

Ésta es la razón por la cual hacer *coaching* con principiantes suele ser un esfuerzo infructuoso. Ninguna táctica o estrategia en el mundo funcionará si te paras cada diez segundos para centrarte en un «qué pasa si...».

Por lo tanto, como principiante, debes desarrollar un sistema para persistir en la consecución de tu objetivo. También debes darte cuenta de que no tienes que hacerlo todo perfecto la primera vez para tener éxito.

Lo primero que debes hacer es reconocer tu «problema absolutamente simple». Es el problema que impide hacerte rico y debes identificarlo de la manera más simple y fácil de describir. Al hacerlo, haces que encontrar las soluciones sea bastante fácil.

Por ejemplo, si estás comenzando un negocio en el que necesitas clientes (que es cualquier negocio, ¿verdad?), es posible que te preguntes cómo comenzar. ¿Aprendes a vender, dominas la prestación del servicio, compras hermosas tarjetas de visita? ¿Por dónde diablos empiezas?

Deseas comenzar con tu mayor problema: cobrar. (Sé que ya hemos pasado por esto, pero voy a repetirme, como siempre, porque necesito que realmente entiendas este concepto).

Ahora, ¿cómo te pagan? ¡Tienes un cliente! Fin. Tu principal problema es conseguir un cliente, y tu único problema es conseguir que un cliente compre tu producto o tu servicio. Todo lo que *hagas* debe centrarse en este único resultado. Todo lo que *aprendas* debe centrarse en este único resultado.

En lugar de centrarte en los problemas futuros, que tal vez nunca se conviertan en reales, debes centrarte en tu realidad actual. Debes concentrarte en «lo que pasa». Tu situación actual es que necesitas que te paguen. Por partes. Debes resolver este problema antes de preguntarte «qué pasa si...».

Luego, piensa en lo único que necesitas aprender para conseguirlo. En esta situación, sería qué necesitas aprender a vender. Luego, después de esto, identifica tres acciones inmediatas que puedes comenzar a hacer *en este momento* que pueden dar lugar a la obtención de un cliente. Podrían ser:

1. Llamadas en frío a las empresas.
2. Envío de correos electrónicos a las empresas.
3. Asistencia a eventos de trabajos en red para empresas.

Luego, pon todo esto en un párrafo de acción.

«Mi único problema es conseguir un cliente. Necesito aprender vendiendo y sólo vendiendo. Necesito llamar en frío a las empresas, enviar correos electrónicos a las empresas y asistir a eventos para empresas cada vez que tenga una oportunidad».

Eso es. Al hacer esto, dejas muy poco espacio para los «qué pasa si…», porque tu enfoque se sitúa sobre la tarea en cuestión. Si un «qué pasa si…» se mete en la ecuación, limítate a repetir para tus adentros el párrafo de acción y cúmplelo. Aunque cometas un error, ser fiel a la sentencia acabará dándote alguna forma de éxito.

Nunca podrás deshacerte por completo de los «qué pasa si…». De todos modos, siempre puedes tener una respuesta que reduzca drásticamente el tiempo que pasas pensando en ellos y aumente el tiempo que pasas tomando medidas para alcanzar tu objetivo.

Gestionar los «qué pasa si…» como un veterano

Como persona que ya ha ganado dinero como emprendedor, probablemente pienses que tienes superado el problema de los «qué pasa si…». Pero como sé que estás leyendo este libro porque quieres ganar más dinero, lamento decirte que el problema de los «qué pasa si…» se aplica en tu caso. De hecho, es probable que estés más debilitado por ellos que un principiante, sólo que es un tipo diferente de «qué pasa si…» el que te está afectando.

La mayoría de las veces, los emprendedores se estancarán en algún momento. Esto pasa cuando ya tienen suficiente dinero para vivir cómodamente y no sienten la necesidad de trabajar más duro. Es entonces cuando crecer y tener más éxito se vuelve difícil. Se estancan porque dejan de emprender acciones drásticas, y dejan de emprender acciones drásticas porque ha entrado en su vida un «qué pasa si…» nuevo y mucho más aterrador:

«¿Qué pasa si pierdo los tres, cinco, diez o veinte años que acabo de pasar creciendo?».

Cuando una persona está comenzando, por lo general está cerca del punto más bajo, por lo que fallar no es lo peor del mundo; en realidad, no puede perder demasiado. En cambio, cuando ya tiene una cantidad decente de dinero y éxito, perder ese dinero y el éxito es lo más aterrador del mundo.

Piénsalo de esta manera. Imagina que estás intentando saltar desde el tejado de un edificio al tejado del edificio vecino, que se encuentra a tres metros de distancia, como hacen los practicantes de parkour. Si los edificios tienen la altura de un piso, saltar te dará miedo porque es algo que no has hecho nunca, pero probablemente no sea lo más aterrador que harás en tu vida y el riesgo negativo no es tan grave. Pero si los edificios tienen quince metros de altura, intentar ese salto te resultará muy aterrador. Puedes hacerlo, evidentemente, pero el riesgo negativo es mucho mayor y tienes mucho que perder si no tienes éxito.

Cuando conseguimos tener un nivel moderado de éxito o nos sentimos cómodos en nuestra vida, nuestro miedo al fracaso (ese «qué pasa si...») es paralizante. ¿Cómo lo podemos superar?

Es posible que sepas que inmediatamente después de que Elon Musk[10] vendiera PayPal, reinvirtió todo su dinero en nuevas empresas arriesgadas, como SpaceX o Tesla. Elon no sólo no se vio afectado por ese «qué pasa si...» que supone invertir, sino que pasaba por encima como un lunático envalentonado por la fenciclidina. Para él, crecer y progresar pesaron más que cualquier estúpido «qué pasa si...» que le hubiera venido a la mente.

Dicho esto, aunque no recomiendo ser tan imprudente como Elon, su capacidad de ignorar la pregunta «¿Qué pasa si lo pierdo todo?» es notable. ¿Cómo lo hizo? Con un patrimonio neto de miles de millones de dólares, podría haberse sentado cómodamente sobre un montón de billetes y haber sido increíblemente rico de por vida. En cambio, optó por arriesgarse a perderlo todo. ¿Cómo y por qué?

Porque estas inversiones eran sus objetivos y la idea de no alcanzar sus objetivos era mucho más dolorosa que perderlo todo. Para avanzar nosotros, tenemos que pensar de la misma manera.

---

10. Elon Musk es un emprendedor e inventor sudafricano nacionalizado estadounidense cuya fortuna se estimaba en más de 17 000 millones de dólares en 2017. Entre otros logros, es cofundador de PayPal (una empresa de servicios financieros y pagos por correo electrónico), fundador de SpaceX (empresa que se dedica a desarrollar lanzaderas espaciales con el objetivo de reducir los costes, aumentar su fiabilidad y, en un plazo más o menos lejano, enviar a Marte los primeros seres humanos) y líder de Tesla, Inc. (empresa que diseña, fabrica y vende vehículos eléctricos). *(N. del T.)*

Cada emprendedor es diferente y cada uno de nosotros tiene objetivos diferentes. Lo que tienes que hacer es identificar tu objetivo final y preguntarte si puedes vivir contigo mismo si no lo alcanzas. Más importante aún, debes encontrar cada punto de dolor que proviene de no alcanzar este objetivo.

No te conozco ni sé lo que te mueve, así que lo que debes hacer es identificar por qué quieres ganar más dinero. Como he dicho anteriormente, escribe los motivos que reducirán o eliminarán tu dolor, no los motivos que aumentarán tu placer (porque la promesa de disminuir el dolor hace que la gente trabaje más duro que la promesa de conseguir un mayor placer).

La única manera en la que vas a superar el miedo al fracaso es si tienes un miedo a no tener éxito mayor. Tienes que tener algo sin lo que simplemente no puedes aceptar vivir. Si no lo haces, será muy difícil que progreses.

Cuando tengas esta lista de dolores, debes consultarla con frecuencia y repetirte tus objetivos tan a menudo como sea posible. Tienes que dejar de sentirte cómodo o finalmente te sentirás tan cómodo que te quedarás completamente atascado.

El único día en el que se responden todos los «qué pasa si...» es el día de tu muerte

Por desgracia, nunca tendremos todas las respuestas a los «qué pasa si...», ya sea porque nos dé vergüenza admitirlos o porque no podemos pensar lo suficiente. Todo el mundo conoce en su lecho de muerte las respuestas a las grandes preguntas que supusieron un lastre a lo largo de su vida.

«¿Qué pasará si no comienzo mi propio negocio? *Esto*».

«¿Qué pasará si soy pobre toda mi vida? *Esto*».

«¿Qué pasará si trabajo toda mi vida para otra persona? *Esto*».

Y una pregunta aún más dolorosa: «¿Qué podría haber pasado?». La parte triste es que nunca lo sabrán. Es demasiado tarde.

Ahora mismo, mientras estás leyendo este libro, hay muchos «qué pasa si...» delante de ti. Ésta es una respuesta que sólo encontrarás pasando a la acción. Tienes que superar los «qué pasa si...» que serán respondidos cuando sea demasiado tarde para perseguir «lo que podría haber pasado».

Todas las personas de éxito que conozco están cargadas de «qué pasa si...» del mismo modo que lo están las personas sin éxito que conozco. La única diferencia es que las personas de éxito optaron por centrarse en los «qué pasa si...» que he enumerado unas páginas antes «¿Qué pasa si nunca alcanzo mis metas?, etc.» porque no responderlos es mucho más doloroso que las consecuencias de los «qué pasa si...» basados en el miedo. Luego se centran en resolver los problemas de los «qué pasa si...» inmediatos de su vida de uno en uno. Al centrarse y resolver los problemas de los «qué pasa si...», siempre avanzan, lo contrario de lo que ocurre cuando se centran en los «qué pasa si...» negativos.

Han aceptado el hecho de que pueden controlar su vida y que puede pasar cualquier cosa. También se centran en el «qué pasa si...» porque es todo lo que hay. Creen que su vida es un terrón de arcilla húmeda y que la única forma de ver el futuro es moldeándolo ellos mismos. Esto nos conduce directamente a nuestro siguiente pilar.

Séptimo pilar

Planea acciones que te permitan alcanzar los objetivos

Si investigas un poco sobre empresas como Amazon o Facebook, verás que tardaron mucho tiempo en ser rentables. De hecho, Amazon no obtuvo ganancias durante casi veinte años. Aún más de locos, Twitter y Snapchat valen miles de millones, pero aún no han obtenido ni siquiera un dólar en ganancias.

Complicado, ¿verdad? ¿Cómo pueden las compañías populares valer tanto dinero sin ser rentables? Porque se mueven en la dirección del dominio global y acabarán siendo enormemente rentables debido a la gran cantidad de apalancamiento que están obteniendo. Estas compañías son ejemplos perfectos de la mentalidad del séptimo pilar.

Cuanto más rica sea una persona (o una empresa), mejor será creando y cumpliendo sus objetivos. Más importante aún, son mejores planeando cómo alcanzar estos objetivos y comprender qué significan estos objetivos para su futuro.

En el extremo opuesto, si te fijas en alguien con bajos ingresos, suele tener objetivos a muy corto plazo, objetivos pequeños que no requieren mucho esfuerzo para lograrlos, o bien grandes objetivos, pero sin ningún plan trazado para alcanzarlos. Muchas personas quieren convertirse en un autor de *best sellers,* pero no tienen ni idea de cómo publicar un libro. Innumerables personas pretenden comenzar un negocio físico, pero no saben cómo elegir el barrio más adecuado de la ciudad para su tienda.

Estos hechos suelen hacer que la persona se olvide por completo de su objetivo (o se rinda) porque se siente demasiado abrumada con opciones confusas. ¿Autoedición o publicación tradicional? ¿Centro o suburbios? Como no saben cómo planificar el objetivo, nunca se dan una oportunidad para alcanzarlo. Pero la verdad es que, ciertamente, crear un plan para alcanzar el objetivo es más importante que el propio objetivo.

En realidad, la construcción de un plan, un plan de acción, es bastante fácil. Todo lo que tienes que hacer es escribir cada paso que darás para alcanzar tu objetivo.

Pero antes de poder escribir estas medidas de acción, hay una cosa más que debes entender: primero debes definir tu objetivo. Debes saber exactamente qué implica tu objetivo y qué significa para toda tu vida. Cualquiera puede decir «Quiero esto» o «Quiero convertirme en eso», pero muy pocas personas pueden definir qué significa realmente su objetivo en términos de qué quieren exactamente, cómo se ve y cómo se siente como un producto terminado o un objetivo cumplido.

Por ejemplo, hay bastantes personas que desean construir enormes rascacielos en la ciudad de Nueva York. Donald Trump también quería hacerlo, pero en lugar de simplemente quererlo, lo definió y luego creó las medidas de acción para construir un edificio.

Cuando imaginó por primera vez uno de sus proyectos iniciales, el Grand Hyatt en Nueva York, hizo dos cosas:

1. Definió su objetivo. Quería que este edificio se viera de cierta manera, se diseñara de cierta manera y se ubicara en cierta parte de la ciudad. Quería atraer a cierto tipo de cliente y tener un cierto tipo de imagen, y sabía cuánto dinero estaba dispuesto a gastar en la construcción del edificio.
2. Trazó una forma de llegar allí. Sabía exactamente a quién necesitaba contratar, las leyes que necesitaba saber y prácticamente cualquier pequeño detalle que debía suceder para terminar el hotel dentro de su presupuesto.

Años antes de que el hotel existiera, Donald Trump ya había definido su objetivo y descubrió los pasos a seguir para alcanzarlo. ¿Y sabes qué? Esos pensamientos y esas ideas lo ayudaron a alcanzar su objetivo de crear un hermoso edificio.

Cómo planifican (y no logran) sus objetivos los combatientes del tráfico

Si observas cualquier carretera de acceso a una gran ciudad a las ocho de la mañana (como las que menciono con tanto cariño en el primer capítulo), verás a centenares de miles de personas con grandes objetivos. Objetivos de fama y fortuna, objetivos de convertirse en un chef profesional o en un presentador de televisión, objetivos de ganar millones de dólares y comprar casas para todos los que conocen... Todos ellos están esperando el momento adecuado para abrir su negocio y vivir la vida en sus propios términos.

Entonces, ¿por qué tan pocas de estas personas alcanzan sus objetivos? Es porque no saben nada sobre los detalles o sobre cómo lograrlos. Todo lo que ven es el «evento de éxito». El evento de éxito es el momento en que lo logran y tienen toneladas de dinero, lo que les permite ganarse la «buena vida». Pero eso es lo más específico que conseguirán. Piensan: «Tendré mucho dinero y ya no tendré que trabajar en este horrible trabajo». Eso es todo. Sin embargo, si les preguntas detalles sobre ese momento o cómo podrían llegar a conseguirlo, no tienen ni idea.

«¿Cuánto dinero ganarás? ¿Por qué serás conocido? ¿Cuánto tiempo tardarás en conseguirlo? ¿Quién sería tu cliente ideal? ¿Cuál será tu producto? ¿Cuántos clientes necesitas para alcanzar tu objetivo monetario? ¿Quién debe apoyarte para alcanzar tu objetivo principal?». ¡Es todo un signo de interrogación gigantesco!

Por eso tener éxito en nuestra sociedad es visto casi como ganar la lotería. La gente sólo nota el evento del éxito. Y por eso tanta gente está celosa de los ricos y famosos. No ven todo el trabajo duro, la dedicación y la determinación que pusieron en su estrellato; simplemente asumen que su éxito se produjo de la noche a la mañana o que estas personas tuvieron suerte (lo que te puedo asegurar que no es cierto). Los objetivos de las personas con éxito se cumplieron porque definieron estos objetivos, crearon planes de acción y dieron pequeños pasos para alcanzarlos.

Como supongo que, como la mayoría de los que están leyendo este libro, eres un combatiente del tráfico o acabas de abandonar la vida de combatiente del tráfico, tendrás que rediseñar por completo cómo defines y planificas tus objetivos.

Cómo planifican sus objetivos los multimillonarios

Muy pocos multimillonarios hacen su dinero en un único evento. Sí, hay adquisiciones que implican ganar cientos de millones de dólares en un solo día (son las personas que se convierten en «éxitos de la noche a la mañana»), pero estas adquisiciones suelen ser el resultado de cientos de diminutos eventos (o pasos) en muchos meses o años. De acuerdo, sí: también está la pequeña minoría de millonarios que encontraron petróleo y ganaron la lotería de los negocios. Pero no puedes confiar en esto. A todos los efectos, debes planificar tu éxito.

Debes darte cuenta de que el gran evento es el resultado de muchas acciones más pequeñas que convergen. Estas acciones se basan en cientos de microacciones diarias. Por ejemplo, un hombre que vende su compañía de *software* por 100 millones de dólares no es el resultado de que venda su negocio, sino el resultado de que se le ocurrió la idea, pasó seis meses programando el *software,* contrató el personal adecuado, compró la publicidad correcta y docenas de otros pequeños detalles. Para llegar al evento principal, es importante identificar el evento que deseas (tu objetivo), aunque aún es más importante identificar los cientos de pequeñas cosas, porque eso es lo que realmente constituye el evento.

Lo primero que hacen los multimillonarios es establecer grandes objetivos. Por ejemplo, uno de mis objetivos es tener una compañía de *software* que gane más de 100 millones de dólares al año en ventas. Cuando tuve claro este objetivo, lo dividí en cientos de objetivos más pequeños, definibles y alcanzables. Desglosé exactamente cuántos clientes necesitaríamos, cómo conseguiríamos esos clientes y los embudos de ventas[11] que necesitaríamos para convertirlos. Luego fragmenté aún más estos pasos, pero ya llegaremos a eso. Quiero que seas capaz de hacer exactamente lo mismo. Para hacerte rico, necesitarás una forma de llegar allí. Así que repasemos ahora la definición y la planificación de tus objetivos.

Paso 1: ¿Cuál es tu objetivo principal?

Lo más probable es que si para ti es nueva la idea de creación de riqueza, no puedas definir claramente tu gran objetivo. La mayoría de la gente piensa «Quiero una

---

11. El embudo de ventas es una herramienta de mercadotecnia que permite cuantificar los clientes potenciales en cualquier momento dado del proceso de comercialización. *(N. del T.)*

compañía de *software*», «Me gustaría ganar un millón de dólares al año» o «Quiero viajar por todo el mundo con mi familia y tener suficientes ingresos para no tener que preocuparme por el dinero», pero estos pensamientos no son los suficientemente específicos.

Como mínimo, debes tener un objetivo de ingresos, así como una forma definida de llegar allí (es decir, cómo vas a lograr el objetivo monetario, ya sea creando *software*, escribiendo libros de autoayuda, creando programas de *coaching* en vídeo, etc.). De todas formas, la manera más sencilla de hacerlo es comenzar desde la base de por qué las personas quieren ganar dinero: el estilo de vida.

Quiero que por un momento seas superficial y pienses en todas las cosas que quieres: vehículos, vacaciones, la educación de los hijos, etc. Vamos a convertir estas respuestas en un ejercicio para hacer que te des cuenta de tus grandes objetivos específicos y luego los vayas desglosando.

Puede ser extremadamente beneficioso visualizar profundamente estos objetivos de estilo de vida. Por ejemplo, hace casi tres años me visualicé siendo dueño de una casa grande en la zona alta de Dallas con un Ferrari y una bañera de hidromasaje con vistas a la ciudad. Hoy en día lo tengo todo, y tener este objetivo claro profundamente arraigado en mi cabeza (junto con mis medidas de acción) me ha ayudado a conseguirlo.

Sin embargo, en este libro quiero alejarme de demasiada perturbación mental, ir al grano y llegar a una mentalidad puramente orientada a los resultados. Ahora dedica unos minutos a escribir todas las cosas que deseas en la vida que valen dinero. Sé específico: no te limites a escribir «Quiero una casa», sino que escribe el estilo, el tamaño, la ubicación, etc.

(Para simplificar ahora este ejercicio, te sugiero que no incluyas deseos increíblemente grandiosos, como ser propietario de un jet privado o comprar un club de fútbol, o cosas como ahorros o inversiones. Cuando entiendas el ejercicio, siéntete libre de incluir todas estas cosas, pero por ahora añadir deseos tan grandes lo complicará sobremanera y quiero que lo aprendas de una manera sencilla).

Escribe en el espacio de abajo todo lo que quieres; recuerda ser específico.

TODO LO QUE QUIERO

. . . .

. . . .

. . . .

Ahora quiero que te conectes *online* y busques el precio exacto de cada una de las cosas que quieres. (Sencillamente, busca en Google «precio de casa de ladrillos de cinco habitaciones en Charleston» o «precio de Jaguar de 1960». Entonces escoge lo que más te guste y anota el precio). A continuación, calcula cuánto dinero necesitarías para comprar todas estas cosas y conseguir el estilo de vida que quieres. Lo digo en serio: muévete y hazlo ahora mismo. Puedo esperar.

¿Ya has acabado? Excelente. Ahora has calculado *grosso modo* cuánto dinero necesitas para alcanzar tu objetivo. (Digo «*grosso modo*» porque sé que te has olvidado de muchas cosas, como alquilar un apartamento cada invierno para ir a esquiar con la familia o dar clases de vuelo). Es un gran paso, porque, bueno, ¿cómo se supone que debes planificar tu estilo de vida si ni siquiera sabes lo que costará?

Ahora imaginemos que necesitas 5 millones de dólares para comprar todo aquello que siempre has deseado. La siguiente pregunta que te haces es: «¿Cómo voy a generar 5 millones de dólares?». ¿Será publicando una serie de libros? ¿Abriendo un restaurante? ¿Fundando una empresa de *software,* una empresa de inmuebles o una empresa de suplementos proteicos? ¿Protagonizando pelis porno? (¡Es broma!).

Anota todo lo que te dice tu instinto. Si aún no lo sabes, automáticamente sabes qué necesitas definir a continuación en tu sueño. Debes descubrir *cómo* vas a ganar dinero. Éste es el problema número uno (como hemos comentado en el sexto pilar). Por ahora, para completar este ejercicio, imagina sólo algo que te gusta. Esto podría ser cualquier cosa, desde cocinar (colecciones de libros de cocina, lecciones de cocina, tutoriales de cocina *online*, etc.) hasta escribir (libros, obras de teatro, cómics, guiones, discursos para el presidente, etc.) o jugar a videojuegos (campeonatos, vídeos en YouTube, etc.).

Para este ejercicio, supongamos que has elegido crear una empresa de suplementos. Ahora debes definir qué vas a vender, cuánto vas a vender y quién es tu mercado objetivo. Sí, esto necesita cierta investigación. Pero no te pongas a investigar ahora; escribe únicamente una estimación y sigue leyendo para entender qué debes hacer. Luego, cuando hayas terminado de leer este libro, vuelve a leer este capítulo y sigue en orden todos los pasos.

Supongamos que has decidido vender proteínas especiales en polvo para practicantes de *crossfit* a 47 dólares por botella. Con estas pautas, ya puedes definir tu gran objetivo:

«Mi gran objetivo es conseguir 5 millones de dólares para lograr el estilo de vida que quiero (entonces lista todo lo que quieres). Para hacerlo, crearé una compañía de suplementos que venda proteína en polvo a 47 dólares por botella dirigida a practicantes de *crossfit*. Para alcanzar los 5 millones de dólares, tendré que vender 106.383 botellas de proteína en polvo».

¿Hay otros factores a tener en cuenta? ¡Sí! Pero acabamos de definir nuestro gran objetivo y cómo lo lograremos con un negocio. ¡Es un gran primer paso! Pero, en la sentencia anterior falta mucha información y algunos pasos necesarios para vender 106.383 botellas de proteína. Y el paso 2 de este ejercicio lo trata.

Paso 2: ¿Cuáles son los cinco objetivos más pequeños que debes lograr para alcanzar tu gran objetivo?

Uno no se despierta y genera 5 millones de dólares en ventas vendiendo 100 000 botellas de proteína en polvo. Hay muchísimos objetivos más pequeños (no objetivos pequeños, sólo más pequeños que el gran objetivo) que debes cumplir que te permitirán alcanzar tu gran objetivo. Y para que esto sea una realidad, debes definir estos objetivos más pequeños. Lo que quiero que hagas es que analices el negocio que has propuesto y que pienses en los cinco factores más importantes que generarían tu objetivo de ingresos. (Una vez más, primero lee todo el libro y luego vuelve aquí y completa este ejercicio para tener todo el conocimiento que necesitas para hacerlo bien).

He aquí cinco objetivos que podrías marcarte en el ejemplo de la proteína en polvo. (Para este primer ejercicio, sugiero tener un mínimo de tres objetivos y un máximo de cinco. Preferiblemente, estos objetivos deberían estar en orden cronológico, aunque escribirlos es lo más importante).

1. Desarrollar la fórmula de la proteína en polvo y producirla.
2. Crear un sistema o una plataforma para vender el producto.
3. Encontrar maneras de publicitar el producto que puedan atraer unas 100 000 ventas.
4. Crear una marca icónica.
5. Vender la proteína en polvo en las principales tiendas.

Sí, son objetivos importantes. Pero cuando los examinas de uno en uno, tu único gran objetivo se ve mucho más manejable.

Lo sorprendente de esto es que ya no sólo piensas «Quiero 5 millones de dólares, coches geniales y una empresa de proteína en polvo», sino que piensas «¿Cómo puedo desarrollar una proteína en polvo?» o «¿Cómo puedo anunciar esta proteína en polvo para conseguir más de 100 000 ventas?». En realidad, estás pensando en objetivos alcanzables que sean solucionables y estén a tu alcance.

Paso 3: Divide cada uno de estos cinco objetivos en tareas aún más pequeñas

Ahora que ya tienes listados estos cinco objetivos más pequeños, puedes formular preguntas que puedes responder.

Esto es por qué este proceso es tan importante. Si piensas crear una empresa de fabricación de proteínas, tu cerebro puede ir a toda velocidad procesando pensamientos e ideas, y pronto te sentirás abrumado. Sencillamente, es un objetivo demasiado grande para alcanzarlo por sí solo. Pero cuando tienes un plan de acción y un listado de objetivos más pequeños, te das cuenta de que tu gran objetivo es alcanzable si sigues los pasos adecuados.

Veamos el «objetivo pequeño» número uno: desarrollar la fórmula de la proteína en polvo y producirla. ¿Cómo puedes hacerlo? Sencillamente, convertir este objetivo en una lista de acciones y de objetivos más pequeños.

(También ten en cuenta que personalmente he desarrollado una proteína en polvo que comenzaré a vender tan pronto como esté listo para lanzar la compañía. Actualmente tengo otras prioridades en mi negocio, por lo que éste se ha quedado temporalmente en segundo plano. A continuación, he listado mis pasos exactos para alcanzar mi gran objetivo).

Paso 1:
Descubre en primer lugar cómo desarrollar proteína en polvo
¿Cómo puedes hacerlo?
1. Investiga un poco en Internet sobre el tema.
2. Pregunta a gente que lo ha conseguido.
3. Llama a algunos fabricantes de proteína en polvo y pregúntales cómo obtener lo que necesitas desarrollar.

Después de completar estos pasos, ahora ya sabes cómo desarrollar proteína en polvo. Todo lo que necesitas hacer es investigar un poco en Internet y en persona, y luego llamar a los fabricantes y decirles lo que quieres que fabriquen.

Paso 2:
Identifica qué buscan los practicantes de *crossfit* en las proteínas en polvo
¿Cómo puedes hacerlo?
1. Pregúntale a tus amigos que practican *crossfit* qué buscan en las proteínas en polvo.
2. Pregunta sobre el *crossfit* en páginas de Facebook, foros y otros sitios web.
3. Asiste a algunos eventos y mira qué proteínas en polvo atraen a este perfil de deportistas.

¡Boom! Ahora sabes que los practicantes de *crossfit* están buscando proteínas en polvo bajas en hidratos de carbono.

Paso 3:
Averigua los costes y contrata a un fabricante
¿Cómo puedes hacerlo?
1. Investiga un poco en Internet.
2. Llama a varios fabricantes y pide un presupuesto.
3. Pide consejos y sugerencias a las personas que lo han hecho antes.

De acuerdo, que alguien desarrolle la fórmula costará unos 10 000 dólares, y unos 30 000 dólares encargar 1500 botellas.

Paso 4:
Hazte con 40 000 dólares
¿Cómo puedes hacerlo?
1. Contacta con inversores.
2. Pide un préstamo.
3. Invierte tus ahorros.

Averigua qué opción funciona mejor en tu caso y ¡boom! Fin. Si bien este negocio tiene un coste inicial significativo, lo que quiero que veas es cómo desglosé uno de mis cinco grandes objetivos y establecí los pasos exactos que necesitaba seguir para lograrlo. Supón que hice esto para cada uno de mis cinco objetivos.

Conseguí un guion muy claro que debía seguir para alcanzar mi objetivo final de 5 millones de dólares. En vez de tener un gran objetivo sin definir, tengo una receta específica y fácil de seguir. Esta receta no sólo permite que las acciones sean más manejables, sino que sea mucho más probable que yo me ponga a trabajar para lograr este objetivo y realmente lo consiga.

De todos modos, tengamos una visión más amplia. Antes de este ejercicio, simplemente sabías que querías un estilo de vida guay y ganar mucho dinero. Esto no lleva a ninguna parte, excepto a ser un combatiente del tráfico de por vida. Al final de este ejercicio, ahora (con suerte) sabes:

- El estilo de vida preciso que deseas, incluida la casa exacta en la que deseas vivir y el automóvil que deseas conducir.
- Cuánto dinero necesitas exactamente para hacer lo que quieres.
- Un objetivo de negocio claro y principal definido por las matemáticas reales para alcanzar tu objetivo monetario.
- Cinco objetivos bien definidos que debes conseguir para alcanzar este objetivo monetario principal.
- Objetivos más pequeños que hacen que alcanzar tus cinco objetivos más grandes sea simple y directo, con medidas de acción claras.

Literalmente, lo único que queda por hacer es realizar las pequeñas acciones que has establecido en este ejercicio y resolver los problemas que aparecerán de manera natural. En esencia, has construido una vía para tus objetivos. En lugar de simplemente quererlos, ahora sabes cómo conseguirlos. Has definido tus sueños y tus metas, y has trazado el mapa para alcanzarlos.

Imagina que antes de este ejercicio eras un pintor que intentaba pintar una imagen exacta de un edificio que aún no existe en la vida real y del que únicamente tenías una descripción confusa de cómo debería ser. Tu trabajo resultaría casi imposible, porque no hay acciones claras —o, en este caso, pinceladas— para alcanzar este objetivo.

Ahora imagínate tratando de pintar el mismo edificio con un esquema de pintar por números. Sería bastante sencillo, siempre y cuando siguieras las instrucciones. Esto es lo que estamos haciendo aquí.

Al final del libro, entraremos en más detalles sobre este tema exacto. Lo que necesitas saber por ahora es que cuanto mejor hagas este ejercicio, más será cómo hacerte rico. Todas las personas ricas son expertas en imaginarse un objetivo lejano y definir cada paso para alcanzarlo. Si deseas hacerte rico, debes comenzar a pensar menos en deseos vagos y más en objetivos definidos.

¿Abrumado? Aplica el sexto pilar (olvídate del «qué pasa si» y céntrate en lo «que pasa»)

Hay muchas posibilidades de que hayas tenido muchos problemas con el ejercicio de este capítulo. Probablemente puedas identificar cuánto dinero necesitas, pero es posible que no tengas ni idea de cómo quieres ganar ese dinero, o tal vez no seas capaz de desarrollar todas las medidas de acción necesarias para crear tu negocio y ganar todo ese dinero.

Al final de este libro, he reservado un capítulo completo para analizar ideas de negocios, lo que te dará instrucciones muy claras sobre cómo comenzar a generar ingresos. Dicho esto, si prestaste atención al sexto pilar, entonces debes saber que lo único en lo que te debes centrar es en tu problema más inmediato, que es elegir cómo ganar dinero.

Si has leído este capítulo, pero no has podido decidirte por un camino, no pasa absolutamente nada. El objetivo de este capítulo es lograr que entiendas el ejercicio de establecimiento de objetivos y cómo las personas ricas establecen objetivos. Lo que te recomiendo encarecidamente que hagas es seguir leyendo el resto de los pilares y luego comenzar a abordar el problema de cómo ganar dinero cuando llegues al apartado de ideas de negocios de este libro. Todavía necesitas aprender los últimos pilares antes de poder elegir adecuadamente los cómos y los porqués de hacerse rico.

Teniendo esto en mente, el octavo pilar trata de cómo maximizar los ingresos de nuestras acciones; debería aclarar muchos de los «qué pasa si» que tenías sobre este capítulo.

(Nota: En este capítulo no he hecho un apartado para principiantes y otro para veteranos porque definir tus objetivos y planearlos es igual independientemente de quién seas o de cuál sea tu nivel de experiencia).

Octavo pilar

Céntrate exclusivamente en aquello por lo que te pagan

Quiero que los dos nos imaginemos algo completamente ridículo. Imaginemos que te encuentras en una realidad paralela en la que te pagan 1000 dólares cada vez que caminas o corres un kilómetro. Como un reloj, cada vez que tu cuerpo se desplaza 1000 metros se oye un «cling» y 1000 dólares van directamente a tu cuenta bancaria. Supongamos también que esto sólo lo puedes hacer durante ocho horas diarias. Y, además, cualquier cosa que cuente como prepararse para caminar o correr también cuenta como trabajo y no se puede hacer fuera de esas ocho horas diarias.

Ahora quiero que me respondas esta pregunta: ¿cuál es la acción más importante que deberías hacer para ganar dinero?

La respuesta puede parecer simple y evidente al principio. Dilo conmigo: correr lo más rápido posible. Sin embargo, si lo piensas unos minutos, hay cientos de otras cosas que debes hacer, como, por ejemplo:

- Cocinar alimentos ricos en hidratos de carbono para poder correr durante más tiempo sin necesidad de hacer un descanso.
- Comprar comida.
- Comer toda esta comida.
- Preparar avituallamientos con agua a lo largo de la ruta.
- Comprar ropa y calzado para correr, y reemplazarlos.

- Lavar la ropa (a menos que seas un cerdo).
- Encontrar nuevos métodos de carrera para correr más rápido sin cansarse.
- Conseguir, medir y tomar complementos diarios.

Éstas son las que me han salido a bote pronto, pero hay decenas más. De todos modos, si bien son cosas necesarias para alcanzar el objetivo de ganar dinero corriendo tan rápido como sea posible, en realidad restan de la cantidad de dinero que estás ganando.

Imagina que todos los días tienes que pasar treinta minutos preparando comida y colocando botellas de agua a lo largo de la ruta. Si pudieras pasar esta media hora corriendo, generarías 6000 dólares (suponiendo que necesitaras 5 minutos para recorrer un kilómetro) cada día. Esto significa que, incluyendo los fines de semana, pierdes unos 180 000 dólares al mes sólo por la preparación de la comida y la colocación del avituallamiento. Eso es más de un millón de dólares al año. ¡Esto es absurdo!

Hay una solución sencilla para esto: contratar a alguien para que prepare la comida y el avituallamiento por 20 dólares al día. Así, el único tiempo que perderás será el que dediques a comer y a beber. (Este tiempo se reduciría a cero si te inyectaras una vía intravenosa que bombeara nutrientes directamente a la sangre durante todo el día, pero por ahora sigamos con el ejemplo del ayudante humano). Así, si contrataras a alguien para que te preparara la comida y la bebida a cambio de un poco más de 600 dólares al mes, podrías generar 179 400 dólares más cada mes.

Creo que empiezas a pillar la idea. Para ganar la mayor cantidad de dinero posible, debes dedicar cada segundo de tu tiempo a aquello por lo que se te paga, que en este caso es correr. Pero puedes centrarte en cualquier cosa que aumente tu velocidad de carrera que no se pueda delegar, siempre y cuando tenga un retorno elevado de la inversión. Por ejemplo, no podrías delegar una prueba de calzado, ¿verdad? Entonces, si se te presenta la oportunidad de probar un nuevo par de zapatillas de élite que te garantizan que te ayudará a correr más rápido, valdría la pena el tiempo invertido, ya que un mejor calzado que te ayuda a correr más rápido significa que podrás hacer más dinero.

En pocas palabras, te pagan por correr, por lo que correr es lo único que te tiene que preocupar. No haces nada excepto correr, a menos que lo que hagas te ayude a correr más rápido, más y mejor, y no se pueda subcontratar como en el ejemplo anterior. Todo lo que se pueda delegar, como preparar la comida y lavar la ropa, se debe delegar. Es la manera más sencilla de ganar la mayor cantidad de dinero lo más rápido posible.

Tú sólo eres una persona, y una persona tiene unos límites... a no ser que tengas el control de un gigantesco robot de negocios

Por ahora, sólo puedes dedicar entre 70 y 80 horas a la semana (o tal vez 120 horas si nunca comes o te duchas) para trabajar en tus sueños. Te puede parecer mucho, pero para cualquier emprendedor serio, este número es ridículo. Todos los días, al menos dedico 100 horas de trabajo a mis sueños. ¿Cómo es posible? Porque no soy la única persona que trabaja.

Como acabo de decir, dedicar 80 horas de trabajo a la semana no es mucho tiempo, pero si tienes 10 empleados, podrías dedicar fácilmente 400 horas de trabajo a la semana (10 personas trabajando 40 horas a la semana equivalen a 400 horas a la semana). De hecho, una persona que trabaja 10 horas a la semana, pero dirige de manera inteligente las 400 horas de trabajo de sus empleados, conseguirá hacer mucho más trabajo que el que podría hacer solo.

Uno de los principales puntos del octavo pilar de la riqueza es reconocer esta anomalía. No importa quién seas, sólo eres una persona que sólo puede aprender determinadas habilidades y sólo puede dedicar determinadas horas de trabajo cada día. Sin embargo, con las personas adecuadas, te conviertes en algo mucho más grande. Piénsalo casi como si estuvieras sentado dentro de la cabeza de un robot Transformer gigante. Solo, no puedes hacer mucho, pero una vez que estás controlando la máquina, puedes empujar un rascacielos.

Muchos emprendedores no entienden esta idea y restringen su crecimiento durante años. Consideran que son los únicos que pueden gestionar determinadas tareas y consideran que contratar a otras personas es costoso e innecesario. Pero si contratas a las personas adecuadas, cada empleado podría hacer diez veces más de lo que les pagas. Además, cada persona que incorporas a tu equipo da como resultado que tus decisiones tengan un alcance cada vez mayor. De hecho, llegará el momento en el que la mejor inversión de tu tiempo sea dirigir a otras personas, porque cada decisión lleva a cientos de horas de progreso.

Si le pago 30 000 dólares a un generador de *software*, prácticamente puedo garantizar que el *software* generará 300 000 dólares. Además, sencillamente no tengo tiempo para aprender a desarrollar *software* como ellos ya saben. Necesito dedicar mi tiempo a vender y dirigir personas. Sin embargo, esto me da un gran poder, porque en lugar de tener que pasar cientos de horas aprendiendo a programar, sencillamente puedo decirle a mi equipo «¡Que sea así!» y da como resultado cientos de horas de progreso en tan sólo una o dos semanas.

Tendrás un éxito inusitado siempre que tomes las decisiones correctas.

Para los que no generamos dinero mágicamente corriendo

Si bien nadie puede inyectar dinero mágicamente en su cuenta bancaria corriendo por la calle todo el día, podemos aumentar drásticamente el dinero que ganamos aplicando la mentalidad mostrada en el ejemplo anterior. La conclusión que debemos sacar de esta historia es que al identificar las acciones que consiguen el retorno más elevado de la inversión y centrarse únicamente en ellas, podemos recibir un pago más rápido y aumentar nuestros ingresos.

En la situación anterior, es bastante fácil identificar en qué deberíamos centrarnos: en correr. Sin embargo, cuando se trata de ganar dinero, sobre todo cuando estamos comenzando, es mucho más confuso saber qué deberíamos estar haciendo. De todos modos, si podemos acotar las pocas acciones que nos hacen ganar dinero y centrarnos en ellas, podremos reducir drásticamente el tiempo necesario para ser productivos.

Cuando comienza, mucha gente se dispersa con sus acciones. Leen libros de autoayuda, investigan diez cosas diferentes a la vez y van dando cornadas como un toro en celo. Sus acciones son muy poco eficientes porque no hacen lo que realmente les hará ganar dinero.

Repitiéndome por novena vez, necesitas descubrir la cosa (o las dos o tres cosas) que te hará ganar dinero en tu negocio. La mayoría de las veces, será vender, pero como he mencionado antes, incluso esto se puede dividir en otras acciones más pequeñas. Centrarte en otras cosas reduce el tiempo que tienes para centrarte en tus productores de dinero más importantes. Al igual que preparar tu propia comida en la analogía del correr, no simplemente son pérdidas de tiempo, sino, en efecto, ladrones de ingresos.

Déjame que te explique esto desde un punto de vista empresarial.

En mi negocio hay tres cosas que generan la mayor parte de los ingresos. Si paso todo el día y todos los días del año haciendo estas cosas, me hago más y más rico. Estas tres cosas son generar clientes potenciales, vender en seminarios web y crear material de ventas para enviar a la gente.

En mi negocio, la forma más fácil de aumentar el retorno de la inversión es aumentando la cantidad de clientes potenciales que aportan menos de 5 dólares cada uno. Si consigo 500 clientes potenciales al día, gano 15 000 dólares adicionales al día de media. Si lo «disparo» a 1000, gano 30 000 dólares al día de media. He automatizado todo lo demás en mi negocio, por lo que la principal manera de conseguir un retorno de mi tiempo invertido es aumentando la cantidad de clientes potenciales que llegan.

Además, cuando vendo directamente en un seminario web, consigo entre 30 000 y 50 000 dólares por hora de trabajo. Es una cifra escandalosamente alta, y por esto necesito dedicar hasta el último segundo a que la gente se apunte a los seminarios web y poder venderles mi producto.

Finalmente, por cada hora que dedico a crear material de ventas, gano como mínimo 4000 dólares. Por esto, cuando no estoy generando clientes potenciales ni vendiendo en un seminario web, estoy creando material de ventas para mi negocio. El resto lo paso delegando trabajo a mis muchos empleados. Por cada quince minutos que delego, obtengo cientos de horas suyas. Nuevamente, se trata de un retorno de la inversión extraordinariamente alto.

¿Ves cómo puedo concentrar mi tiempo (y delegar todo lo que puedo) para conseguir el mayor rendimiento? De esto trata el octavo pilar, y así es cómo las personas más ricas de la tierra se hacen cada vez más ricas. También es cómo las personas arruinadas y los combatientes del tráfico se pueden hacer ricos en el menor tiempo posible. Para ser tan rico como quieras ser, debes centrarte en lo que te da dinero y delegar todo lo demás.

¡Cuidado! Las mismas acciones que te hacen rico pueden evitar que te hagas más rico

Una vez que tengas éxito, te darás cuenta de que las acciones que solían hacerte rico en realidad evitarán que te hagas aún más rico. Puede que te mantengan en el mismo nivel de riqueza, pero recuerda siempre este hecho: no puedes hacer las mismas cosas una y otra vez y esperar que resultados diferentes. Así pues, si generas 100 000 dólares al mes, no puedes seguir exactamente las mismas tareas y luego esperar generar 200 000 dólares al mes. Por eso he creado un sistema muy ordenado (sí, acabo de decir «muy ordenado») que puedes utilizar independientemente de cuál sea tu nivel de ingresos para identificar tus acciones con mayor retorno de la inversión, a la vez que eliminas las acciones con menor retorno de la inversión. (En este capítulo tampoco habrá apartados para principiantes o veteranos, porque este sistema se aplica igual, sin importar la experiencia que uno tenga).

Comencemos desde la perspectiva de una principiante que abre un negocio de servicios de *marketing*. Se llama Amy y su primer objetivo es ganar 10 000 dólares al mes.

Ahora, lo primero que debe hacer Amy es escribir los grandes objetivos que se han establecido en los capítulos anteriores. Su objetivo es ganar 10 000 dólares al mes, y para lograrlo, se da cuenta de que debe conseguir 10 clientes que aporten 1000 dólares al mes cada uno.

Objetivo principal:

Ganar 10 000 dólares al mes en ingresos teniendo 10 clientes que aporten 1000 dólares al mes cada uno.

A continuación, Amy debe escribir sus objetivos y tareas que quiere hacer este mes. Como es principiante, tiene un montón de objetivos que los especialistas en *marketing* veteranos ya han conseguido.

Objetivos para el mes:

- Leer cuatro libros de *marketing*.
- Trabajar en el *ranking* de sitios web de SEO para practicar.
- Aprender sobre la publicidad de AdWords y Facebook.
- Crear una página web comercial.
- Hacer llamadas en frío y enviar correos electrónicos a clientes potenciales.

Lo bueno de ser un principiante es que casi cada acción que hagas tendrá un retorno de la inversión de algún tipo. Por eso es fundamental actuar tanto como sea posible al comienzo. Dicho esto, sólo uno de los objetivos de Amy genera dinero.

Lo que Amy necesita hacer ahora es repasar cada uno de sus objetivos y preguntarse «¿Qué impacto tendrá este objetivo sobre mi objetivo principal?».

Leer cuatro libros de *marketing:* Si bien leer libros podría ayudarla a ser mejor vendiendo, deberá dedicar al menos 28 horas (7 horas por libro). Esto no genera ningún ingreso directo y esta tarea no le permitirá alcanzar esos 10 000 dólares al mes que se ha marcado. Esto no significa que no deba estudiar la venta de material; sólo que necesita enfocarse más en poner en práctica la capacitación en ventas que aprende en vez de simplemente aprender todo lo que pueda por el simple hecho de aprender.

Trabajar en el *ranking* de sitios web de SEO para practicar: Si bien esto ayudará a Amy a proporcionar mejor su servicio, no ganará dinero por ello, lo que significa que no la acercará más a ganar esos 10 000 dólares al mes.

Aprender sobre la publicidad de AdWords y Facebook: De nuevo, aprender no le hará ganar dinero. Nadie le va a dar a Amy un cheque por aprender cómo anunciarse.

Crear una página web comercial: Las páginas web sin clientes no generan dinero. Esto, nuevamente, es una pérdida de tiempo y algo que fácilmente podría ser subcontratado o delegado a alguien en su equipo.

Hacer llamadas en frío y enviar correos electrónicos a clientes potenciales: Ésta es la única acción que conduce directamente a ganar dinero. Si Amy dedica 8 horas al día a llamar por teléfono o a enviar correos electrónicos a posibles clientes, realmente tendrá más posibilidades de hacer clientes. Si consigue un cliente cada 15 horas de trabajo, debería poder conseguir 10 clientes con sus 160 horas de trabajo (un mes de trabajo completo).

A este ritmo, esta tarea es la única tarea en la que tiene tiempo para centrarse si quiere conseguir 10 clientes a final de mes.

Fin. Buen juego. Hora de ponerse a trabajar

Mira el ejemplo de arriba. Si bien todas las demás tareas parecen objetivos relevantes, ninguna de ellas se correlaciona directamente con que Amy gane dinero. Lo único que le aporta dinero y la acerca a su gran objetivo es que un cliente le dé un cheque. Eso es. Nada más le da dinero. Su acción con mayor retorno de la inversión es vender a los clientes, y debería estar haciendo esto cada hora del día.

Nota rápida para principiantes

Esto puede parecer una locura, pero es exactamente lo que debes hacer si eres un principiante que necesita dinero. Si quieres comenzar a ganar dinero rápidamente, debes centrarte sólo en aquellas acciones que te aportan dinero. No es necesariamente un error, pero veo que los principiantes que necesitan dinero *ahora* dedican innumerables horas a aprender, a leer libros sobre el tema en cuestión y, esencialmente, a hacerlo todo a la vez. Tienes que entender que hacer algo como leer un libro puede hacerte ganar más dinero dentro de un mes; descolgar el teléfono y conseguir un cliente (o hacer sólo acciones que generen ingresos) harán que ganes dinero *hoy*. También debes entender que aprenderás mucho más de «hacer» (acciones) que de lo que aprenderás de «aprender a hacer». Confía en mí, si conoces un tema lo suficientemente bien, sal y consigue dinero.

(Nota al margen: Después de leer la afirmación anterior, es probable que te preguntes, ¿cuál es el motivo de leer este libro? ¡Según esta lógica, sería mejor salir y comenzar a ganar dinero! Esto es totalmente cierto; sin embargo, «hacer» sin un rumbo y sin la mentalidad nuclear correcta puede ser un esfuerzo infructuoso. La razón por la cual este libro es tan importante es porque te da las creencias y mentalidades que permitirán que tus acciones sean diez veces más efectivas y te ayuden a tomar las decisiones correctas sin tener que experimentar las dificultades que atraviesan la mayoría de emprendedores).

Volviendo al tema...

Sin embargo, como he mencionado antes, las acciones que nos hacen ricos como principiantes nos impedirán hacernos más ricos como empresarios de éxito. Déjame que te explique.

Imaginemos que Amy ya ha conseguido la firma de 10 clientes y está ganando 10 000 dólares al mes. ¡Excelente! También ha contratado a alguien por el 30 % de los ingresos para proporcionar el servicio para ella poder centrarse únicamente en las ventas.

Su nuevo objetivo es ganar 100 000 dólares al mes, lo que significa que necesita 100 clientes que le paguen 1000 dólares mensuales. El problema es que, con una tasa de 1 cliente por cada 15 horas de trabajo, sólo puede firmar 10 nuevos clientes al mes. Tardará bastante tiempo en llegar a 100 000 dólares al mes, sobre todo si algunos de sus clientes abandonan, como suele suceder en la mayoría de las empresas.

Lo que Amy necesita hacer ahora es escribir todas sus acciones de venta actuales, lo que la ha llevado a conseguir 10 clientes, y definir lo que realmente está ganando. Sin embargo, esta vez necesita definir cuántas horas les suele dedicar.

Objetivos para el mes:

- Hacer 500 llamadas en frío (40 horas).
- Enviar y responder a 1000 correos electrónicos (40 horas).
- Hacer 250 llamadas de seguimiento (40 horas).
- Cerrar el trato en reuniones individuales (40 horas).

De nuevo, revisemos estos objetivos y veamos cómo se correlacionan con los ingresos de Amy. Recuerda, esto es exactamente lo que permitió que llegara a 10 000 dólares al mes. Lamentablemente, estos objetivos no la llevarán a 100 000 dólares mensuales, y aquí está el porqué.

Hacer 500 llamadas en frío: Si bien las llamadas en frío pueden acabar en reuniones individuales, no harán que Amy gane dinero directamente. *Sí*, esta acción le permitió ganar dinero al principio y necesitaba hacerlo cuando comenzaba, porque no sólo no tenía dinero para externalizar esta tarea, sino que las llamadas en frío la ayudaron a conseguir algunos clientes. Pero ahora que necesita un centenar de clientes para alcanzar su nuevo objetivo, las llamadas en frío le llevarán demasiado tiempo y no le aportarán el retorno de la inversión necesario para alcanzar su objetivo.

Enviar y responder a 1000 correos electrónicos: Esto tiene el mismo problema que hacer llamadas en frío. Puede que consiga reuniones, pero lleva mucho tiempo y no conseguirá dinero directamente.

Hacer 250 llamadas de seguimiento: El mismo problema de nuevo. Hacer llamadas de seguimiento no le hará ganar dinero directamente.

Cerrar el trato en reuniones individuales: Aquí es donde Amy recibe el cheque y le pagan. De hecho, en casi la mitad de las reuniones (que duran aproximadamente una hora) a las que ella asiste, cierra el trato. Esto significa que, por cada 2 horas de reunión, consigue un nuevo cliente. Esto es 500 dólares por hora trabajada.

Con los datos anteriores, ¿qué tarea debería estar haciendo Amy para alcanzar los 100 000 dólares al mes? Es bastante evidente que sólo necesita acudir a reuniones individuales para cerrar contratos cada minuto de cada día. ¡Esta tarea le permite ganar 500 dólares a la hora, y con 160 horas de trabajo al mes, añadirá 80 000 dólares mensuales a sus ingresos! Dado que éste es un ingreso recurrente que se acumula sobre sí mismo, esto significa que podría superar los 100 000 dólares al mes en tan sólo cinco o seis semanas. Como mínimo, ha incrementado tanto su valor por tiempo que puede generar 100 000 dólares al mes.

Así pues, ¿qué más necesita hacer Amy? Fácil. Necesita contratar un equipo de personas para que hagan las llamadas en frío, envíen correos electrónicos y hagan las llamadas de seguimiento. Estos empleados podrán hacer suficientes llamadas y enviar suficientes correos electrónicos por Amy para que ella tenga tiempo para reunirse 8 horas al día.

Sin más ni más, nuestra amiga está ganando ahora 100 000 dólares al mes.

¿Ves cómo funciona? Hay que identificar acciones de retorno elevado de la inversión y eliminar de su rutina diaria las acciones de retorno bajo de la inversión. Podemos aplicar el ejercicio una y otra vez para obtener cada vez más dinero. Cuando estemos insatisfechos con nuestros ingresos y no estemos seguros de cómo aumentarlos, sólo tenemos que escribir nuestros objetivos e identificar cuáles no están proporcionando el retorno de la inversión que necesitamos. Entonces podemos dejarlos de hacer o contratar a alguien para que los haga por nosotros.

El retorno de la inversión de las acciones de los multimillonarios es astronómico

Durante mi tiempo de investigación y seguimiento de algunas de las personas más ricas del mundo, me di cuenta de que todos son maestros en elegir cómo pasar su tiempo.

No verás a Mark Zuckerberg programando *software;* no hay forma de que un único programador pueda generar un patrimonio neto de 26 000 millones de dólares. En cambio, sí verás a Mark buscando formas de obtener más usuarios mientras lidera un equipo de 1000 desarrolladores para multiplicar el retorno de la inversión por 1000 con cada acción que realiza.

No verás a Warren Buffet liderando una única empresa. Eso no generaría suficiente dinero lo suficientemente rápido. Lo verás invirtiendo y dirigiendo 200 empresas al mismo tiempo para poder recoger 200 veces la recompensa por su tiempo.

Si bien ciertamente podemos aumentar la cantidad que ganamos por hora o por producto que vendemos, la manera más sencilla de aumentar el retorno de la inversión es contratando a otras personas para que así nos podamos centrar en nuestra tarea principal. Un hombre con 1000 empleados (o autónomos) que realizan acciones puede crear un retorno de la inversión tipo tsunami; en cambio, un solo hombre sólo puede trabajar lo que físicamente aguante. Aquí es donde entra en juego el noveno pilar.

Noveno pilar

Las personas dan dinero a las personas que consiguen personas

Prepárate, porque estoy a punto de contarte algunas revelaciones de *El sexto sentido*, de Bruce Willis. ¿Listo? De acuerdo, allí va…

El dinero no es real.

Bueno, al menos no en la forma en que muchas personas lo ven. Piénsalo. Si fueras la única persona en la tierra, el dinero no tendría valor ni uso. Y en este momento actual de la evolución humana, el dinero no existe tangiblemente en algunas circunstancias. Sólo tienes que mirar el mercado de valores. Esos números que suben y bajan en la pantalla de un ordenador pueden hacer que un hombre sea más poderoso que un dios griego o más inútil que un vagabundo, aunque sólo son signos en la pantalla de un ordenador. A esos números y a unos trozos de papel se les da tanto poder porque la gente les da poder. Por este motivo, literalmente no puedes hacerte rico sin otras personas, porque para que alguien sea rico, deben existir otras personas para darte el poder de ser rico. (Y, obviamente, también deben existir para darte el dinero).

¿Qué es el dinero entonces? El dinero es poder sobre otras personas. Más aún, es el intercambio de poder entre las personas. Un hombre firma un cheque y puede hacer que alguien construya su casa. Una mujer firma un cheque y puede conseguir que otra persona le dé un automóvil. Un hombre firma un cheque y alguien pescará un pez a mil kilómetros de distancia, otro se lo acercará y un tercero se lo cocinará y se lo servirá con algunas verduritas y una botella de vino.

133

El dinero tiene poder porque se percibe que tiene valor, por lo que puede darlo a cambio de comestibles, ropa o motocicletas. El valor del dinero proviene de la creencia de otras personas de que tiene valor (y poder). Sin esta creencia, el dinero no tendría valor ni tendría sentido. Éste es un conocimiento esencial, porque una vez que te creas esta idea, dejarás de centrarte en el dinero y te centrarás más en entender a las personas que le dan valor al dinero (y cómo conseguir que te den su dinero).

Para conseguir dinero, necesitas otras personas. Más aún, necesitas que estas personas quieran darte su dinero. Así pues, el verdadero secreto para ganar dinero es conseguir que las personas hagan lo que tú quieres (que es darte su dinero). Para hacerlo, necesitas conseguir controlar o persuadir a estas personas (en el buen sentido).

En resumen, si estás tratando de hacerte rico, en realidad estás tratando de ganar control sobre otras personas. Si comienzas a pensar así, comenzarás a descubrir cómo tener éxito en la vida.

De esto se trata este pilar: de las personas. Pero también trata de abandonar la mentalidad de ver el dinero como sólo dinero. Pensar así es una manera segura de perderse las lecciones más valiosas de la creación de riqueza.

En el transcurso de lo que sea que decidas hacer, serán los demás los que decidirán si tienes éxito o no. El único factor de cuánto éxito tienes es lo bueno que eres para influir y controlar las decisiones de otras personas. Mientras influyes y controlas las decisiones de otras personas, también tendrás a otras personas que constantemente intentan controlar tus decisiones. La forma en que reaccionas, juzgas e influyes sobre otras personas será el factor más importante de tu éxito.

Por eso debes darte cuenta de que una persona rica es una persona que entiende a las personas. Verás, uno de los mayores errores de los combatientes del tráfico es que intentan ganar dinero sin comprender a las personas. Piensan que el dinero se genera haciendo un trabajo y que el dinero proviene de un agujero de gusano mágico vinculado a su cuenta bancaria. Cada dólar que alguien ha ganado, originariamente provenía de la cuenta bancaria de otra persona y es el resultado de un intercambio de valor percibido.

Muchas personas no entienden esto cuando comienzan un negocio y tratan de forjar un negocio sin pensar en la gente. Olvidan que deben dirigirse a la gente. Olvidan que deben persuadir a la gente. Olvidan que, ante todo, deben influir en la gente. Olvidan que deben tener algo que haga que la gente quiera darles dinero.

Piensa en Steve Jobs por un momento. Antes de proseguir en este capítulo, quiero asegurarme de que no confundas este pilar con ser querido. Según la mayoría de las películas y los documentales, Steve Jobs no gustaba y mucha gente incluso lo consideraba un estúpido. Claro, la gente lo quería y lo idolatraba como hombre de negocios y por sus productos, pero si te fijas en cómo era como persona, estaba lejos de ser agradable. Hay muchísimas personas que nos gustan, pero esto no significa que comencemos a darles billetes de veinte dólares cada vez que nos las encontremos. Lo que Steve tenía era otra cosa: sabía lo que la gente quería antes de que lo quisiera, y por esto la gente quería darle dinero.

Steve llegó a conocer a las personas como la palma de su mano. Sabía qué las hacía moverse, qué las intrigaba y qué hacía que se gastaran un montón de dinero. Sabía cómo hacer que hicieran lo que él quería que hicieran, ya fueran sus empleados o sus clientes.

¿Quién programaba sus productos? Otra gente. ¿Quién diseñaba sus productos? Otra gente. ¿Quién construía sus productos? Otra gente. ¿Quién creaba expectativas sobre sus productos y su marca? Otra gente. ¿Quién compraba todos los productos y pagaba cualquier cosa por ellos? Otra gente.

En mi opinión, los productos de Apple (oficialmente dirigida por Jobs) suelen estar muy por detrás de los de otras compañías en términos de tecnología. Se estropean mucho, por lo general no son tan innovadores como otros productos y existen opciones mucho más avanzadas en el mercado. Sin embargo, Apple siempre puede hacer que la gente entregue cientos o miles de dólares a cambio de un «dispositivo nuevo y genial».

Éste es el poder de entender a las personas y cómo presionarlas para que hagan lo que quieras. Debes darte cuenta de que es imposible alcanzar tus objetivos sin poder controlar a las personas. No puedes hacerte rico por tu cuenta, y al final de todo, otras personas tendrán más que ver con tu riqueza que tú mismo.

¿Lo pillas? ¡Genial!

Aviso: Las personas tienen miedo, relacionarse con ellas es difícil

Ahora, antes de comenzar, el objetivo de este capítulo no es entrenarte a ser un carismático líder de la humanidad y un campeón en ventas. El objetivo es alertarte y hacer que seas muy consciente de este pilar. Demasiado a menudo, las personas intentan enriquecerse sin abandonar nunca su «zona de confort de las personas» (lo que significa que no tratan a las personas de manera diferente ni aprenden cómo piensan otras personas). *Tienes* que entender lo importantes que son las personas para tu éxito y lo vital que es entenderlas realmente.

Una vez más, esto no significa que debas ser personalmente agradable, y ni siquiera significa que debas gustar a otras personas. Puedes ser mezquino, grosero y poco atractivo en tu vida personal, pero debes comprender a las personas y saber cómo hacer que hagan lo que quieres que hagan para triunfar. Es la pura verdad.

De acuerdo, creo que ya lo he repetido lo suficiente. Ahora la pregunta es: ¿cómo se traduce el conocimiento de las personas en ganar dinero? Si descubres lo que el público objetivo quiere y necesita, ¿cómo conseguir que te den efectivo a cambio de lo que estás vendiendo? Bueno, hay *una* habilidad que es el enlace entre conocer gente y ganar dinero, y es aprender a vender.

Si aprendes una cosa, aprende cómo vender

Lo que debes entender es que, en la base de ganar dinero, hay una interacción entre dos personas. Ya sea a través de un anuncio en Internet, una mesa en una sala de juntas o un apretón de manos cara a cara para cerrar un acuerdo en un Starbucks, siempre hay una parte que convence a otra para que gaste parte de su dinero. Ningún negocio ocurre sin esta interacción.

Teniendo esto en cuenta, la parte más importante de cualquier negocio es vender. Hay productos horribles y bastante inútiles que han permitido ganar millones de dólares, y hay productos increíbles que no han dado prácticamente ningún beneficio. Todo se reduce a lo bueno que eres para persuadir a otros para que te den dinero y sean felices dándote dinero.

Por esto, el truco más rápido para «conseguirlo» es volverte increíble vendiendo. Por ejemplo, en mi caso vendo a miles de personas todos los días a través de la publicidad. Todos los días hay cientos de miles de clones de Alex (anuncios) vendiendo en Facebook y en YouTube. Estos pequeños clones también venden como locos. Esto es porque sé cómo pensará y reaccionará la gente cuando vea mis páginas, mis anuncios y mis vídeos.

Se puede vender de miles de formas, pero en el meollo siempre está entender a las personas y saber cómo influir sobre sus acciones. Una vez que entiendes esto, todo resulta bastante más fácil.

Empezar un negocio inmobiliario es fácil porque entiendes lo que la gente realmente quiere y sabes cómo hacer que la gente compre casas mejor que nadie.

Dirigir un negocio *online* es sencillo porque tus anuncios complacientes con los demás persuaden muy bien y resulta casi imposible decir que no a tus productos.

Iniciar un negocio de proteína en polvo va viento en popa porque tu producto y tus anuncios influyen más sobre los potenciales clientes que los productos de tus competidores.

Llegar a 100 000 dólares en ganancias al mes con tu servicio de *marketing* de SEO es un juego de niños porque sabes cómo convencer a varias grandes empresas para que te paguen 20 000 dólares al mes por tu consultoría en SEO.

Vender hace que todo sea fácil. No es broma, conozco gente que entra en grandes corporaciones y se va con un cheque de 100 000 dólares todos los días de la semana. Esto es porque saben cómo tocar la fibra sensible de las personas y hacerlas sentir como si les presentaran la cura para el cáncer. Esto es algo que tú mismo podrías hacer ahora si supieras cómo vender.

Dicho esto, *no* saber cómo vender puede hacer que cualquier proyecto en el que trabajes se convierta un verdadero infierno. Por eso no quieres dejar vender a otra persona. Alguien más puede programar tu *software*. Alguien más puede fabricar tus productos. Alguien más puede hacer prácticamente cualquier cosa por ti. Pero nadie más conoce tu producto como tú, conoce a tu público objetivo como tú o se preocupa por tu retorno de la inversión como tú. Por lo tanto, nadie más puede vender como tú.

El primer objetivo de todos los negocios es vender. El crecimiento de una empresa viene determinado por sus ventas. Un negocio con un gran producto, pero sin ventas, es un negocio muerto. Lo más probable es que si estás leyendo este libro, no puedas vender (todavía). Si pudieras, comenzarías un negocio inmobiliario mañana mismo y cerrarías un acuerdo de un millón de dólares esta semana. Pero como (probablemente) no puedes hacerlo (todavía), convertirte en un vendedor máster debe ser tu prioridad número uno.

(Si estás interesado en obtener más información sobre ventas, visita la página web AlexBecker.org para un curso gratuito –en inglés– sobre cómo vender y empezar un negocio *online).*

Los emprendedores ricos saben que las emociones impulsan a la gente

Los emprendedores mediocres ofrecen y venden productos. En cambio, los emprendedores de éxito proporcionan y venden emociones.

- Otros motores de búsqueda frente a Google
- Otros *smartphones* frente a iPhone
- Otros coches frente a Ferrari
- Otras cafeterías frente a Starbucks
- Otras tiendas de ropa frente a Louis Vuitton
- Otras bebidas energéticas frente a Red Bull

En todas estas situaciones, una marca es claramente la ganadora. El iPhone supera ampliamente los dispositivos BlackBerry. Todo el mundo lo sabe, pero si preguntas por qué, nadie podrá darte una respuesta real. Podrían decir algo así como «Los iPhones molan mucho más» o «Son lo último» o «Son más fáciles de usar». No te indicarán las especificaciones técnicas ni podrán explicar por qué molan mucho más, son lo último y son más fáciles de usar. La verdad es que el motivo por el cual la gente compra iPhones no tiene nada que ver con el teléfono. Tiene que ver con cómo les hace sentir la idea de tenerlos, lo cual es genial, conectado, moderno y *trendy*.

Sin embargo, esto se aplica a mucho más que a vender. Cuando contactas con las emociones de las personas, éstas acudirán inconscientemente a ti y todo el mundo querrá un trocito de lo que tienes. Los mejores empleados querrán trabajar contigo, las personas más importantes de la tierra querrán relacionarse contigo y los consumidores harán cola durante horas para gastar cinco veces más de lo que gana la competencia con un producto que ni siquiera es la mitad de bueno. Al final del día, las personas se rigen por sus emociones y sólo quieren sentirse positivas, felices y aceptadas por los demás.

Por lo tanto, lo que debes hacer con esta lección es tenerlo en cuenta cuando elijas tu sector, cuando diseñes lo que venderás y, especialmente, cuando comiences a hacer publicidad y a comercializarlo. La forma más fácil de sacar ventaja sobre los demás no es tener el mejor producto, sino tener el producto, la marca y los mensajes que hacen que las personas «se sientan» mejores.

Dedicar tiempo a aprender sobre las personas es vital para tu negocio

Ahora que conoces este pilar, mi mejor consejo para ti es pasar un rato cada día aprendiendo sobre las personas. Ya sea que se trate de vender, liderar o controlar las emociones, debes saberlo todo, así que, simplemente, métete de lleno.

Una cosa que debo mencionar es que entender a las personas se puede usar para bien o para mal. *No* estoy diciendo que entiendas a las personas para poder manipularlas para que hagan cosas malas o gasten dinero en productos cutres (como anticuados anuncios de cigarrillos o, literalmente, cualquier timador *online)*. Te estoy diciendo que entiendas a las personas para que puedas mejorar sus vidas a la vez que tú puedas ganar muchísimo dinero.

Hay otra cosa que debo añadir. En el capítulo anterior, he comentado que sólo debes centrarte en aquellas cosas por las que directamente te paguen dinero y en aquellas otras cosas que no puedes delegar. Bueno, dado que vender es tu enfoque principal, aprender a vender mejor también es parte de tu enfoque principal. Por lo tanto, pasar un rato cada día aprendiendo a entender a las personas provocará un aumento de tus ventas, es decir, más dinero en tu bolsillo.

Dicho esto, veamos cómo aplicar este pilar como principiante o como veterano en la creación de riqueza.

Cómo entender a las personas siendo un principiante

Si eres un principiante en la creación de riqueza, lo más probable es que sencillamente huyas de entender a las personas. No sabes por qué la gente compra un producto en vez de otro. Es probable que no te guste salir de tu zona de confort y obligarte a conocer gente nueva. Lo más probable que odies la idea de vender y desconoces el primer paso para conseguir que alguien compre algo.

Lo veo constantemente. De hecho, por eso tanta gente se siente atraída por el *marketing* por Internet. Ya no enseño directamente porque no puedo soportar la idea de convivir con esta mentalidad. Sin embargo, cuando lo hacía, notaba que los alumnos se metían de lleno en la moda de «ganar dinero *online* en ropa interior» no porque fuera perezosos, sino porque querían ganar dinero sin tener que tratar con nadie cara a cara.

En resumen, la mayoría de los principiantes intentarán lo imposible para evitar tener que entender a la gente. La mayoría sólo quiere ser un hombre en la sombra que pulsa botones y gana mucho dinero. Pero no es así como funciona. De hecho, la razón por la cual los propietarios de negocios y los vendedores por Internet tienen tanto éxito es porque entienden a las personas mejor que nadie en su empresa.

Cualquiera puede sentarse y programar o enviar un correo electrónico a una lista de clientes. Se necesita un líder para hacer que todo ese trabajo se traduzca en personas que entreguen toneladas de dinero.

Al contrario de lo que podrías estar pensando ahora, puede ser muy fácil dominar este pilar (y beneficiarse de él) si estás comenzando desde cero. En realidad, podría ser incluso más fácil para ti que para un experto en negocios porque todavía no tienes tantas «tácticas empresariales» arraigadas en tu cerebro. Estás empezando de cero, lo que es genial.

Como principiante, hay dos cosas en las que debes centrarte en este momento: vender y sentirte cómodo con las personas (y guiarlas para que hagan cosas). Si puedes hacer ambas cosas, será muy difícil que no tengas éxito.

1. Vender lo es todo

Los negocios no suceden hasta que alguien compra algo. Simple, ¿verdad? Puedes tener el mejor producto del mundo o el peor, pero no importa hasta que alguien realmente lo compre.

Esto significa que debes conocer los entresijos de la venta lo más rápido posible. Como he comentado antes en este libro, las personas aprenden mejor al meterse sin pensarlo en los negocios. *Pero* en este caso también debes complementar tu experiencia con cierto aprendizaje externo a través de libros y cursos en Internet. Sólo debes asegurarte de que todo lo que estás aprendiendo o leyendo te ayude directamente a aumentar tus ventas y, a su vez, a aumentar la cantidad de dinero que ganas.

Dicho esto, he incluido una lista de los cincuenta mejores libros de ventas escritos hasta el momento en mi sitio web, AlexBecker.org. Ve a ver mis sugerencias personales sobre lo que deberías estar leyendo.

2. Siéntete cómodo con las personas

Lo siguiente que debes hacer es aprender a sentirte cómodo con las personas. En realidad, esto bastante simple. Para sentirte más cómodo con las personas, lo único que debes hacer es forzarte a situaciones en las que tengas que tratar con las personas.

Eso es. Pero, evidentemente, esto es más fácil decirlo que hacerlo. La mayoría de las personas evitarán las llamadas en frío o hablar con extraños en un evento de *marketing* porque no quieren hacer el ridículo. Lo que necesitas entender es *A)* probablemente te hagas el ridículo y *B)* esto está muy bien.

La primera vez que asistí a un evento, hablé en un evento, hablé con un cliente, me acerqué a una chica, me acerqué a un posible socio comercial, me acerqué a un mentor, etc., estaba nervioso como un flan y lo hice bastante mal. Sin embargo, después de hacerlo durante años, soy bastante bueno en todo lo dicho. ¿Por qué? Porque sencillamente lo he hecho una y otra vez, y finalmente me he sentido cómodo haciéndolo. Puedes pensar que socialmente eres torpe o incluso puedes sentir ansiedad ante determinadas situaciones sociales, pero si el éxito es tu objetivo, entonces debes esforzarte y aprender a sentirte cómodo (y encantador) en estas situaciones.

Así pues, la lección más importante que puedo darte es ésta: ser proactivo para lanzarte a situaciones sociales desafiantes. Además de eso, *nunca* rehúyas algo que te haga sentir socialmente incómodo. (Dentro de lo razonable, por supuesto. No hay necesidad de asistir a un encuentro nudista sólo para demostrarte que puedes hacerlo). Hacer cosas incómodas significa que estás aprendiendo y creciendo, y esto es necesario en tu camino hacia la riqueza y el éxito.

Eso es todo; así de sencillo.

Cómo entender a las personas siendo un veterano

Esto puede doler oírlo, pero sólo porque hayas ganado algo de dinero en los negocios no significa que entiendas a la gente. (Si fueras realmente bueno entendiendo a la gente, tendrías tanto éxito que no necesitarías leer este libro). La mayoría de las empresas se crean en torno a lo que el propietario cree que es lo mejor, no lo que cree que otras personas quieren.

A menudo veo que alguien crea un gran producto o servicio, y eso es todo. Podría vender unos pocos, incluso podría ganar una cantidad decente de dinero con ello, pero en realidad, el producto no entusiasma a la gente y toda la experiencia del usuario es confusa o difícil.

Para centrarte más en la gente, hazte estas preguntas sobre tu visión de la marca o del producto y su comercialización.

Preguntas de visión: ¿Tienes la solución más *cool* que existe? ¿La gente está apasionada con tu negocio? ¿Qué simboliza tu negocio? ¿Es ésta la mejor versión de tu negocio que te puedes imaginar? Honestamente, ¿querrías ser cliente tuyo?

Preguntas de *marketing:* ¿Quién es tu cliente objetivo? ¿Cuál es la mejor manera de llegar a él? ¿Realmente te tienen en estima? ¿Es divertido hacer negocios con tu compañía? ¿Explicas el valor de tu producto en tu publicidad? ¿En tu publicidad te centras en cómo tu producto hará que se sientan tus clientes?

Quiero que te alejes un poco y veas tu negocio como un todo. Luego, piensa en lo que harías si tu objetivo fuera simplemente cubrir gastos y atraer a la mayor cantidad de gente posible. Por supuesto, queremos ganar mucho dinero, pero centrarnos en otras personas y sus deseos, emociones o necesidades es la clave para expandir el negocio de algo pequeño a algo enorme. ¿Cómo puede conectar la gente con tu producto o tu marca? ¿Qué emoción estás tratando realmente de vender?

Fíjate en Apple, Red Bull, Starbucks, Comic-Con,[12] etc. Todos estos negocios y eventos representan algo. Significan algo para las personas más allá del producto. Son una forma de vida o un sentimiento. Se trata de excelentes ejemplos de negocios que realmente entienden y conectan con su clientela.

Esto es extremadamente difícil de explicar, pero la mayor lección que puedo enseñarte es que debes comenzar a pensar en las personas y sus sentimientos desde una perspectiva más amplia. Debes pensar en cómo te presentas ante ellos y las emociones que se generan cuando piensan en tu marca. Y como veterano de la creación de riqueza, esto significa que probablemente tengas que cambiar unas cuantas cosas sobre tu marca y el *marketing*.

---

12. Conocida popularmente como Comic-Con, la Convención Internacional de Cómics de San Diego es un evento que se celebra durante cuatro días en el Centro de Convenciones de dicha ciudad y en el que se reúnen autores, editores y lectores. Considerada la cuarta convención más grande del mundo de su tipo, abarca no sólo cómics, sino que también incluye otras temáticas, como el cine o los videojuegos. *(N. del T.)*

Déjame que te ponga un ejemplo de cómo apliqué lo anterior a uno de mis negocios.

Con mi negocio de SEO, el coste de conseguir un contacto *(lead)* era demasiado alto en mi sector. Mis empleados y yo lo intentábamos todo para atraer a los clientes y hacer que nos facilitaran sus direcciones de correo electrónico. Cada vez resultaba más caro, porque al fin y al cabo la gente no quiere ser engatusada. Sólo pensábamos en las personas como números y nos centrábamos primero en el negocio (y en nuestros ingresos).

Lo que la gente quiere en el sector del SEO es hacer más dinero y poder comprar servicios de confianza. Así pues, en vez de tratar de pescar a los clientes con el clásico cebo del correo electrónico, sencillamente les di lo que querían.

Creé un mercado totalmente gratuito que permitió que compradores y vendedores de SEO aunaran esfuerzos. Este mercado les dio todas las herramientas que necesitaban para vender más y todas las herramientas que necesitaban para encontrar los mejores servicios de SEO. Entonces inundé el mercado con tráfico para que comenzara.

Mis competidores ya habían intentado algo similar en el pasado, excepto que no era de uso gratuito, y el negocio se llevaba grandes cantidades de dinero de los vendedores. Por este motivo, los vendedores no querían abrir una tienda allí. Simple y llano.

En cambio, no sólo decidí que mi mercado fuera totalmente gratuito, sino que también ofrecí a los vendedores y a las personas que promovían el mercado una comisión del 20 % sobre todo lo que vendían. Ofrecí a la gente exactamente lo que quería, que era la capacidad de ganar más dinero y comprar los servicios adecuados. Lo entendí y, gracias a esto, pude saber (y dar) exactamente lo que la gente quería.

¿El resultado? Decenas de miles de usuarios en el mercado, todos ellos llegando como nuevos contactos a nuestro negocio. Aún más de locos, los vendedores comenzaron a publicar publicidad en nuestro mercado, dándonos de forma totalmente gratuita los contactos por los que solíamos pagar una enorme cantidad de dinero. Éstos eran clientes potenciales (contactos) que podíamos incorporar a nuestro negocio y convertir en clientes. Esencialmente, estábamos consiguiendo nuevos clientes para nuestro negocio sin un costo directo para obtenerlos.

Esto prácticamente duplicó la cantidad de ventas que era capaz de crear en nuestro negocio *y* redujo nuestro gasto en publicidad a cero. ¿Entiendes por qué funcionó? En lugar de pensar en mi negocio y en lo que quería, traté de entender a las personas y lo que querían.

Ahora, lo que sugiero es que recuerdes esta breve lección y comiences a aplicarla a tu negocio todos los días. Además, comienza a investigar por qué las marcas más populares crean seguidores tan leales. Descubrirás que rara vez tiene que ver con el producto.

Por último, si eres un veterano y quieres mejorar tu negocio, he incluido en mi sitio web, AlexBecker.org/booklist, una lista de los veinticinco mejores libros sobre cómo mejorar tu negocio a través de la comprensión de las personas.

Nadie se ha hecho rico hasta que alguien más les ha pagado suficiente dinero como para hacerse rico

¿Lo pillas? ¡Bien! Éste es un pilar bastante sencillo. En este capítulo, hemos analizado cómo podemos «controlar» a otras personas. En el próximo pilar, hablaremos sobre cómo otras personas pueden afectarnos y cómo podemos usar su influencia para impulsarnos para hacer cosas increíbles.

Décimo pilar

Encuentra amigos competitivos y mentores adecuados

Este pilar es un pilar de dos partes. Casi todos los otros pilares descritos en este libro tienen que ver con cambios de mentalidad; en cambio, este pilar es un consejo vital que puedes utilizar para ganar dinero sin ni siquiera cambiar tu proceso de pensamiento. Si bien *no* recomiendo hacerlo, sólo quiero que entiendas lo poderoso que es este pilar.

Pasemos directamente a la primera parte.

Primera parte: Encuentra amigos competitivos

En la primera parte, quiero hablarte sobre una de las experiencias más tontas pero mejores de mi vida: jugar al World of Warcraft... durante centenares y centenares de horas. Supongo que si hubiera dedicado todas estas horas a trabajar en lugar de jugar a videojuegos, valdría unas diez veces más de lo que valgo en este momento. Pero eso no viene al caso. La razón por la que quiero hablar sobre el World of Warcraft es porque es un verdadero testimonio de la primera parte del décimo pilar.

Si no sabes qué es el World of Warcraft, entonces déjame contarte, porque el efecto que este «juego» tiene sobre la vida de las personas es tremendamente cómico. Verás, el World of Warcraft es un juego de rol multijugador masivo en línea (conocido como MMORPG por sus siglas en inglés). Un juego multijugador masivo en línea es un juego en el que participan miles de personas al mismo tiempo, y un juego de rol significa, bueno, que todo el tiempo estás fingiendo ser otra persona en la pantalla.

Mientras cenas tranquilamente en casa todas las noches, hay miles de personas que interactúan en ciudades conectadas *online* y viven en una tierra inventada por servidores de Internet. Miro hacia atrás y sonrío al ser parte de esta experiencia, porque realmente era parte de un mundo y una comunidad *online*… un mundo y una comunidad muy diferentes de las que actualmente formo parte.

El objetivo de World of Warcraft es conseguir mejores armas y objetos para ayudar a tu personaje a luchar mejor. Además, cuanto más luchas, más fuerte se vuelve tu personaje al «subir de nivel». Por ejemplo, una persona que se encuentra en el nivel 5 no tendría ninguna posibilidad de ganar en una lucha a alguien que se encuentra en el nivel 70 (el más alto). Más adelante, cuando llegas al nivel más alto, debes formar parte del mejor equipo. Al igual que los personajes, los equipos tienen niveles, pero para ahorrar tiempo, resumámoslo diciendo que si tienes un equipo mejor que otras personas de tu nivel, puedes destruirlos en una pelea.

He aquí la cuestión con World of Warcraft. Para llegar al nivel más alto y tener un personaje moderadamente fuerte se necesita jugar durante meses a tiempo completo (sí, quiero decir entre 8 y 10 horas por día). Podrías sentarte delante de tu ordenador durante 40 horas seguidas y apenas avanzar. Puedo decirte por experiencia que esto no es divertido, pero es extremadamente adictivo. De hecho, es tan adictivo que, en un momento dado, World of Warcraft tenía más de 14 millones de jugadores que pagaban 19 dólares al mes para jugar. Además, alrededor de 5 millones tenían niveles altos porque jugaban MUCHO. En cualquier momento, podías meterte en un servidor y encontrarte con miles de personas del nivel máximo corriendo por las ciudades.

Ahora, demos un paso atrás y recordemos que la mayoría de las personas no son expertas en nada y que la mayoría renuncia a nuevos esfuerzos cuando éstos resultan algo más exigentes. En serio, nuestra sociedad está llena de grupos de personas que nunca han terminado nada. Guitarra, libros, ejercicio físico, éxito… cualquier cosa que se te ocurra, y la gente encontrará la manera de hacer un esfuerzo a medias incluso aunque realmente quiera triunfar (o por lo menos eso dice).

Lo loco de World of Warcraft es que puede llevar a personas de todos los ámbitos de la vida a hacer que trabajen realmente duro en algo durante cientos o incluso miles de horas. Si dedicas esta cantidad de horas a algo, te convertirás en un experto en eso. La cuestión es que la mayoría de las personas «no pueden» hacer eso por la restricción de tiempo, la pereza u otras prioridades. Sin embargo, cuando los pillas enganchados a World of Warcraft, pueden permanecer despiertos durante veinte horas seguidas haciendo evolucionar su personaje y luchando contra extraños. ¿Ves la lógica absurda?

Imagínate que, al terminar de leer este libro, dedicas cada minuto de vigilia a trabajar como un loco para hacerte rico. En serio, imagínate levantándote, encendiendo el ordenador, trabajando durante veinte horas seguidas y parando sólo para ir al lavabo y comer cualquier cosa que no haga falta cocinar, hasta caer rendido y agotado durante cuatro horas, para empezar de nuevo. Luego imagina que haces esto durante meses y meses sin tomarte vacaciones, incluso sin descansar los fines de semana.

Si dedicaras tanto tiempo y esfuerzo a ganar dinero, no tendrías problemas para hacerte rico. De hecho, no tendrías problemas para conseguir lo que quisieras en la vida. Por desgracia, este nivel de obsesión es muy difícil de conseguir… a menos que sepas cómo conseguirlo. World of Warcraft definitivamente sí sabe cómo conseguirlo. ¿Quieres saber cómo conseguirlo? ¿Quieres? ¡¿Sí?! Está bien. Te lo diré.

Formar parte de una comunidad de personas con ideas afines con el mismo objetivo desencadenará una obsesión por trabajar duro, tener éxito y competir (por lo general, de manera amistosa).

Los humanos son como los animales gregarios y cada persona quiere el reconocimiento de su grupo. Cuando encontramos el grupo al que queremos pertenecer, también comenzamos a actuar como sus miembros para poder «mezclarnos» y sentir que formamos parte de ese grupo. Así pues, actuarás como las personas con las que pasas más tiempo.

Cuando comienzas a jugar al World of Warcraft, te sientes empujado y arrojado a una sociedad en la que te encuentras en el peldaño más bajo de la escalera social. Cuando juegas, ves personajes muy adornados y de nivel alto desplazándose por la ciudad, y evidentemente se ganan el respeto. Para ser un chico guay y hacer cosas guays en el juego, debes conseguir ese nivel respetado, lo que significa que debes jugar horas y horas… y más horas. No sólo eso: cuanto más juegues, más gente conoces y más debes esforzarte y luchar. Esto hace que te vuelvas extremadamente competitivo y hará que constantemente quieras jugar más y mejorar.

En resumen, al jugar al World of Warcraft y estar rodeado de personas que juegan al World of Warcraft, pronto te volverás competitivo y sentirás la necesidad de seguir el ritmo.

Este efecto no sólo puede cambiar a una persona, sino que puede hacer que se vuelva extremadamente adictiva y provocar el efecto del que acabo de hablar de dedicar veinte horas al día al World of Warcraft. Como te puedes imaginar, esto no pasa sólo con el World of Warcraft; verás cosas similares que pasan en los deportes, en los negocios, etc.

Las personas ricas lo entienden y se aprovechan de ello. Ahora, piensa en todos los conocidos con los que hablas con regularidad. ¿Cuántos de ellos son dueños de sus propios negocios? ¿Cuántos tienen éxito? ¿Cuántos son millonarios? ¿Cuántos son multimillonarios?

Si tu respuesta es «No muchos», entonces éste es uno de los principales motivos por los que no eres rico. ¿Conoces la expresión «Eres lo que comes»? Pues esto es bastante similar (excepto que no te comes a tus amigos). En este caso, el dicho es «Eres con quien vas». Sin embargo, la cuestión es que la mayoría de las personas son perdedoras en la generación de riqueza y se juntan con otros perdedores en la generación de riqueza. Estoy aquí para decirte que pasar el rato sólo con personas que no han triunfado o que no han conseguido el nivel al que aspiras no te servirá en tu camino hacia el éxito.

Si pasas la mayor parte de tu tiempo con personas a las que no les importa ganar dinero y pasan todo tu tiempo libre sentado en casa mirando *reality shows,* es muy probable que hagas lo mismo, porque quieres encajar y porque tienes muy poca motivación para hacer cosas que nadie a tu alrededor está haciendo. Tendrás muy pocas ganas de ganar dinero o de mejorar porque ya estás en el mismo «nivel» que tu «manada».

En cambio, si pasas la mayor parte de tu tiempo con personas que ganan un millón de dólares al año o que se están esforzando para hacerse ricos, vas a desarrollar un fuerte deseo de hacer lo mismo. Vas a querer ser parte de sus conversaciones y ser su igual. Son competitivos en sus nichos, por lo que querrás ser competitivo en tu nicho. Esto sería como entrar en una habitación del World of Warcraft y descubrir que todos se encuentran en el nivel 70. Para ser relevante o incluso para que simplemente te vean, tienes que subir de nivel.

Además, una vez que te encuentres rodeado de un cierto tipo de persona, no sólo te sentirás motivado y comenzarás a disfrutar con lo que haces, sino que también crecerás intrínsecamente con estas personas. En World of Warcraft, constantemente verás a un grupo de jugadores que comienzan juntos en el nivel 1 y alcanzan niveles *mucho* más altos trabajando conjuntamente. Lo mismo se aplica con el dinero y en realidad con cualquier aspecto de la vida (hacer ejercicio, jugar al baloncesto, aprender cálculo, etc.).

Prácticamente cada momento de mi día lo paso en contacto con personas que están empeñadas en ganar dinero. Si bien tengo amigos que no han tenido éxito, la mayoría de las personas con las que me comunico son emprendedores. De hecho, aparte de mi familia y de mis amigos de secundaria, sólo me comunico con personas que son emprendedores.

Así es como funciona el mundo, y debes aprovechar esta idea si quieres hacerte rico. Si quieres aprender a hablar francés, la forma más rápida es hablando francés con otras personas que saben hablar francés o que también están aprendiendo francés. Si quieres ganar dinero, debes hablar con personas que ya tienen dinero o que también están en proceso de crear riqueza.

Ahora, la pregunta es: «¿Cómo se hace esto?». Y, por suerte, en realidad es bastante sencillo.

La gente se muere por conocer gente similar

Cuando explico por primera vez este pilar a la gente, suelen pensar que estoy diciendo que *sólo* hagan un montón de amigos multimillonarios. No es así. Si bien tener amigos que tienen más éxito que tú te ayudará a sentirte más motivado y afortunado, y a encajar con ellos, también es muy importante hacer amistad con personas que se encuentran en tu misma posición actual. Esto os permitirá formar un vínculo que os ayudará a todos a crecer y a aprender juntos.

Si deseas formar parte del 1 % de la sociedad que gana mucho dinero (bueno, muchísimo), *debes* comenzar a interactuar con personas de ese 1 %, o al menos con aquellas personas que están tratando de unirse a ese 1 %. Afortunadamente, la mayoría de los nichos tienen foros, grupos de Facebook, clubes, grupos de reunión y grandes eventos en directo a los que puedes unirte o asistir para conocer personas con ideas afines.

Por ejemplo, si quieres iniciarte vendiendo servicios de *marketing* a empresas, haciendo unas sencillas búsquedas encontrarás numerosos grupos y foros de Facebook a los que puedes unirte. Inscríbete en estos grupos y asegúrate de participar escribiendo comentarios, haciendo preguntas y construyendo relaciones.

Puede que tengas que pagar para pertenecer a la comunidad (pero eso podría ser algo bueno)

Lo que descubrirás rápidamente es que hay todo tipo de personas que venden cursos y sitios a los que apuntarte para aprender a ganar dinero de muchas maneras. Debes aprender a saber cuáles de estos grupos y oportunidades son inútiles y estúpidos, y cuáles son útiles y organizados.

Cuando se trata de pagar para unirte a un grupo *online* de personas con ideas afines, el precio a veces dicta el valor real. Es similar a cualquier cosa en la vida. Las personas sin éxito que se contentan con no tener éxito van a pasar el rato a lugares más baratos, mientras que las personas de mayor nivel suelen ir a pasar el rato a lugares más caros. La calidad de las personas que encontrarás en estos lugares diferentes será radicalmente diferente.

Por ejemplo, pago unos 50 000 dólares al año para pertenecer a un grupo dirigido por uno de mis mentores. Este grupo me ha hecho ganar millones de dólares y me ha facilitado algunos de los contactos más beneficiosos que tengo actualmente en mi vida. Me he rodeado de amigos extremadamente competitivos y exitosos que pueden empujarme a niveles más altos y elevar mi pensamiento.

Pero no te estoy pidiendo que te unas inmediatamente a un grupo que cuesta 50 000 dólares al año. Lo que te animo a hacer es unirte a tantos grupos gratuitos como puedas… inmediatamente. Luego, identifica a los «líderes» del grupo y descubre dónde pasan el rato (porque, créeme, las personas que lideran estos grupos gratuitos indudablemente están en grupos de pago de más calidad para poder tener más éxito). Hazte amigo de ellos y pregúntales qué te proponen en persona.

Lo que pasa con los grupos gratuitos es que, si bien algunas personas están allí para aprender, muchas simplemente están allí para tratar de vender sus productos. Ten cuidado con estas personas y rara vez escuches sus consejos. En la mayoría de los casos, estos grupos son los ciegos que guían a los ciegos o a los semiciegos que intentan vender información a medias a los ciegos. Pero, aun así, te sugiero que comiences con los grupos gratuitos para tratar de conocer a otros novatos con ideas afines y también para averiguar dónde se reúnen los líderes. Luego, una vez que encuentres un grupo de pago en tu nicho de gente de tu nivel y algo superior, establece relaciones con la mayor cantidad de personas posible y utiliza realmente estos grupos para aprender consejos y desarrollar motivación.

Lo que pretendo destacar es que pagar por pertenecer a grupos o a sitios web puede resultar increíblemente útil si te unes a aquéllos en los que haya personas de ideas afines. No necesariamente tienen que estar en el mismo nivel que tú en términos monetarios: sus actitudes, su ambición y sus objetivos son lo más importantes. Sólo debes prestar atención a lo que dice la gente auténtica y prestar menos atención a los argumentos de venta que se te presenten.

Haz amigos y compara notas

Una vez que te hayas unido a un grupo (o a cinco) y comiences a hablar con algunas personas, mi siguiente consejo es que desarrolles un grupo de amigos con los que te comuniques con cierta regularidad y compartas información. En estos momentos es probable que el mundo en el que te mueves no esté abierto a la idea de hacerte rico. Si no puedes acercarte a tu grupo de amigos y hablar sobre ganar dinero sin que te miren con escepticismo o desinterés, te encuentras en un grupo perjudicial. Apártate rápidamente de este grupo y comienza a relacionarte con personas que se entusiasmen «hablando de dinero» y «hablando de negocios» contigo.

Si estas personas se encuentran en el mismo nicho que tú, tendrás dos grandes ventajas. En primer lugar, tendrás a alguien con quien competir (lo que hará que ambos tengáis éxito más rápido) y compartir tus éxitos. Soy incapaz de destacar lo suficiente lo beneficioso que es tener a alguien que pueda ayudarte a avanzar. En segundo lugar, tendrás a alguien con quien compartir notas y aprender. Esta persona compartirá contigo el progreso que haga, y viceversa. Esto os permitirá superaros los unos a los otros y conseguir resultados aún más rápido.

Sé un buen amigo y un gilipollas celoso al mismo tiempo

Algunas personas, como Martin Luther King, Jr. o Gandhi, nacen con un deseo implacable de ser grandes y cambiar el mundo. Son personas que se comportan de manera altruista. Sin embargo, si te fijas en otros grandes, a menudo una de sus principales motivaciones es remover la mierda de otros y echársela a la cara, o simplemente demostrar que los demás están equivocados. Si alguna vez oyes hablar a estas personas, muestran mucha indignación y se centran en derrotar a los demás y ser los mejores.

Si estás leyendo este libro, es probable que no pertenezcas a la primera categoría, y eso está bien. Como he dicho antes en este libro, los seres humanos no se sienten motivados por las chorradas superficiales, y esto es especialmente cierto cuando estás comenzando. La pura verdad es que las emociones profundas como la ira, los celos y el deseo de moler a palos a otras personas son algunos de los motivadores más fuertes que puedes aportar a tu vida *si* los enfocas de la manera correcta.

Debes entender que las emociones no son ni inherentemente buenas ni inherentemente malas. Cada vez que Michael Jordan era vapuleado en una cancha de baloncesto, se cabreaba y se esforzaba diez veces más en el siguiente partido. Esto es bueno. Cuando a un combatiente del tráfico se le hinchan las narices, reniega en YouTube y se desquita con sus amigos. Esto es malo. Fíjate en la enorme diferencia entre cómo un ganador utiliza las emociones y cómo las utiliza un combatiente del tráfico.

Una de las mejores cosas de tener amigos competitivos y rodearte de ganadores es que te ayudarán a crear estas emociones. Sin embargo, el error más grande que veo es que las personas no utilizan estas emociones para bien. Imagínate que a Jordan no le hubiera importado perder un partido y que las derrotas no lo hubieran obligado a esforzarse más en el siguiente partido. Dudo que hubiera sido la leyenda deportiva que es hoy en día. De hecho, es probable que no hubiera llegado a convertirse en un atleta profesional. Lo mismo se puede aplicar en tu caso.

Uno de mis amigos emprendedores quizá más respetados tiene un negocio en el mismo nicho que yo. También es uno de los competidores más duros en este nicho y, desde mi punto de vista, es algo más inteligente que yo. Lo considero un amigo y personalmente lo ayudaré con cualquier cosa. Pero en el campo de batalla de los negocios, estamos en guerra. Y sí, me cabreo mucho cuando me supera, y me pongo celoso si progresa más que yo.

Esto es una cosa realmente buena, porque esta competencia nos ha obligado a los dos a mejorar nuestros negocios hasta un nivel tan alto que nadie más puede competir con nosotros. Nos hemos empujado mutuamente para pasar de tener compañías dispares a ser emprendedores tecnológicos muy refinados. Es poco probable que tuviera las habilidades que tengo hoy si no lo hubiera tenido echándome el aliento en el cogote en el mundo de los negocios.

Por fortuna, ambos estamos lanzando nuevas compañías tecnológicas que pueden trabajar conjuntamente, y creo que ambas compañías podrían llegar a ganar 100 millones de dólares anuales cada una.

¿Ves como enfocar mis emociones de la manera correcta y permitirme ser casi infantilmente competitivo con mis amigos me ha llevado a ir más lejos de lo que hubiera podido llegar por mi cuenta? Sé que esto suena algo inmaduro, pero si puedes encontrar maneras de utilizar a tus amigos y competidores para sacar de tu interior este impulso emocional, celoso y apasionado, sacarás una gran ventaja sobre tus «competidores» no competitivos.

Bastante simple, ¿verdad?

Todo lo que acabo de analizar es algo que es muy probable que ya tuvieras en mente. Pero hay una segunda parte de este pilar, y es otra serie de trucos para *hackear* el éxito.

Segunda parte: Encuentra mentores apropiados

Es importante encontrar amigos competitivos y de éxito, pero hay otras personas importantes con las que necesitas establecer una relación: los mentores apropiados. Por alguna razón, muchas personas intentan alcanzar el éxito por su cuenta sin mentores personales. Tal vez piensen que son lo suficientemente inteligentes como para hacerlo por su cuenta. Tal vez tengan miedo de pedir ayuda. Tal vez no tengan ni idea de cómo encontrar un mentor. La mayoría de las veces, simplemente no saben lo importante que es tener un mentor.

Quiero que te imagines que hacerte rico es como un campo minado. Si intentas atravesar a ciegas un campo de minas, explotarás, y eso es todo, *game over*. Ahora imagina que estás jugando con un videojuego de un campo de minas y tocar una mina no te mata, sólo hace que tengas que comenzar de nuevo desde el principio (cada vez en el mismo campo de minas). Cada vez que intentes caminar por el campo de minas, sabrás un poco más sobre dónde se encuentra cada mina, aunque necesitarás centenares de intentos para acabar aprendiendo lo suficiente como para atravesarlo sano y salvo.

Sí, los amigos competitivos te darán la motivación suficiente para atravesar el campo minado. Pero sólo un mentor puede ayudarte a atravesar el campo minado diez veces más rápido y con una décima parte de esfuerzo.

Pero ¿qué es un mentor? Un mentor es una persona que ya ha logrado lo que quiere lograr y conoce los problemas con los que te encontrarás. Más importante aún, un mentor conoce una serie de trucos para *hackear* tu camino hasta la cima lo más rápido posible.

Ahora, lo que quiero hacer durante lo que queda de capítulo es explicar dónde buscar y qué buscar en un mentor.

Nunca persigas a Wayne Gretzky

La primera lección para encontrar un mentor es entender que necesitas un mentor adecuado. Un mentor adecuado es alguien que en los negocios va unos pasos por delante de ti, y hace unas diez veces más de lo que haces tú. Por ejemplo, si acabas de empezar a jugar a hockey sobre hielo, recibir una lección del gran Wayne Gretzky sería bastante inútil. Wayne Gretzky sabe cómo jugar al hockey al máximo nivel, por lo que es probable que tuviera problemas para entender (o recordar) los problemas de un verdadero novato. También tendría que perder semanas enseñándote a patinar bien, cuando su verdadero conocimiento es jugar al hockey. Por este motivo, sólo un jugador avanzado sacaría provecho de sus lecciones. Gretzky entendería los problemas del jugador avanzado porque se vería mejor reflejado en él y es probable que vea sus problemas bastante a menudo en otras personas de su entorno.

En cambio, un entrenador principiante de hockey o una persona que juegue en una liga de aficionados (o incluso un patinador avanzado) podría tener un gran efecto positivo sobre un principiante. ¿Por qué? Porque entienden los problemas precisos que tiene un principiante y saben cómo solucionarlos rápidamente. Esto es, una vez más, porque experimentan o ven estos problemas con cierta frecuencia.

Aparte de todo esto, lograr que Wayne Gretzky entrenara a un principiante sería casi imposible. Probablemente, Gretzky no sólo no querría enseñarle a una persona cómo patinar hacia atrás sin caerse cada diez segundos, sino que es muy probable que un principiante no tuviera el dinero suficiente para pagarle a Gretzky lo que vale cuando hay miles de otros jugadores más avanzados que estarían dispuestos a pagarle el dinero que se merece.

Esto es de sentido común, pero veo que la gente comete este error constantemente. Todos los días recibo cientos (sí, cientos) de mensajes *online* de personas que nunca han creado un sitio web pidiendo asesoramiento sobre cómo empezar una empresa de *software*. Quiero que estas personas tengan éxito, pero perdería el tiempo enseñándole a alguien cómo configurar un sitio web básico. Es probable que estas personas tampoco quieran (o puedan) pagar las tarifas de asesoramiento que cobro. Y, por último, mi experiencia es en la creación de una empresa de *software,* entonces, ¿por qué perdería mi tiempo y mis energías ayudando a alguien a construir un sitio web (que es lo que hago que mis empleados hagan)?

También he visto a principiantes enviando mensajes a amigos con un patrimonio neto de hasta 500 millones de dólares y pidiéndoles que les enseñen a levantar un negocio. La pura verdad es que mis amigos no lo podrían hacer aunque quisieran. Están pensando y moviéndose a niveles tan altos que no tienen ni idea de cómo explicar lo que hacen (o hicieron) a un completo novato.

Por todo esto, querrás buscar un mentor que se encuentre por encima de ti, pero no demasiado por encima de ti. Si prácticamente no estás ganando nada, quieres encontrar a alguien que esté generando entre 3000 y 5000 dólares al mes en ganancias. Esto tipo de persona podrá brindarte los consejos más relevantes para comenzar, ya que recientemente se encontraba en tu misma situación. Se está moviendo a un nivel más alto que tú, pero no tan alto como para que no puedas entenderlo o él no pueda entenderte.

Por eso participar en una gran comunidad es tan importante cuando estás comenzando. Conocerás a algunas personas que lo están haciendo mucho mejor que tú, pero que aún pueden relacionarse contigo. Estas personas podrán enseñarte qué aprender, de quién aprender y qué evitar.

En resumen, si eres un completo novato, busca a alguien que juegue en la liga de aficionados en lugar de tratar de conseguir la tutoría del Wayne Gretzky de tu sector.

Encuentra mentores reales y evita mentores falsos

Sin duda, no faltan las personas que intentan ganar dinero en el mundo del *coaching,* pero claramente hay dos tipos de mentores: los mentores que consiguen la mayor parte del dinero aconsejando y los mentores que hacen dinero gracias a su negocio principal y como complemento también orientan.

Lo que debes buscar es una persona cuyo negocio principal *no* sea la tutoría. Eso sería como recibir clases de hockey de un fanático del hockey que puede conocer todas las reglas pero que sólo se ha calzado unos patines una docena de veces en su vida.

Hay montones de emprendedores que ganan cientos de miles de dólares al año que no hacen ni de *coach* ni de mentor. Esto se debe a que están muy ocupados administrando sus propios negocios. Son las personas de las que quieres tener una tutoría porque están haciendo lo que tú quieres hacer, han cometido los mismos errores que tú puedes cometer y han seguido pasos similares a los que estás siguiendo para tener éxito y hacerte rico.

Por ejemplo, si pretendes iniciar un negocio basado en la venta de seguros, no quieres inscribirte en un programa de *coaching* que cueste 2000 dólares dirigido por algún vendedor de seguros. Lo que quieres es encontrar a algún desconocido que genere entre 5000 y 10 000 dólares al mes para que te enseñe estrategias y te dé consejos. Puedes encontrar personas así en grupos de Facebook, foros, eventos, etc., y hablar con tantas como te sea posible. Una vez que hayas encontrado a alguien que se ajuste a la descripción de tu mentor perfecto, pregúntale si estaría interesado en ayudarte. Incluso aunque no tenga tiempo para ayudarte, podría darte la información de contacto de alguien que sí pueda.

Es una lección muy simple. De nuevo, quieres encontrar a alguien que esté en el nivel de éxito que deseas conseguir en un futuro cercano y que también estuvo en tu lugar hace relativamente poco tiempo (tal vez hace seis o doce meses).

Elige a aquellos que te impulsan hacia arriba en vez de aquellos que te arrastran hacia abajo

Intentar hacerte rico sin rodearte de otras personas con la misma mentalidad es como tratar de ser bueno en el baloncesto sin conocer a ningún otro jugador de baloncesto. Simplemente no pasa así.

Con las personas adecuadas en tu vida, serás impulsado a triunfar y tendrás todos los trucos para llegar hasta allí. Es como el chute de esteroides del éxito. Por otro lado, si *sólo* te rodeas de combatientes del tráfico, te será extremadamente difícil escapar de tu propio perdedor interno. Estas personas te llenarán de temores y «qué pasa si», porque no saben nada más.

En nuestro núcleo, los seres humanos somos simplemente máquinas de imitar. Nuestro lenguaje, nuestros pensamientos, nuestras molestias derivan de las personas de las que nos rodeamos. Sí, en cierto nivel, somos nuestra propia gente. Pero es innegable que nos vemos muy afectados por quien admiramos y por la comunidad de la que nos rodeamos. Espero que este capítulo te haya hecho pensar en tu comunidad actual y espero que puedas encontrar en tu vida el equilibrio adecuado entre mentores, amigos competitivos y combatientes del tráfico.

El pilar secreto

Toma la decisión de ser rico
a cualquier precio

Quiero compartir contigo algo que encuentro tremendamente triste. Cada vez que las personas empiezan a leer un libro (por lo general) sólo leen el 10 % antes de darse por vencidas u olvidarse de él. Sólo el 10 %.

Lo triste de esto es que, a partir de esta estadística, podemos ver que hay muy poca gente que realmente cumpla con aquello con lo que se ha comprometido (al menos cuando se trata de leer). La razón es dura, pero comprensible: la mayoría de las personas son demasiado débiles como para hacerse responsables. Las personas «quieren» y «quieren» todo el día, pero muy pocas realmente tienen la fortaleza para ponerse a trabajar, incluso cuando saben sin lugar a dudas que ésta es la mejor manera de conseguir el éxito.

¿Sabías que sólo el 4,4 % de las personas que intentan perder muchos kilos (el 20 % o más de su peso) lo logran y logran mantenerlo? Esto me deja boquiabierto. A pesar de los riesgos para la salud, la humillación social y la posible baja autoestima que conlleva tener sobrepeso (porque a nuestra sociedad todavía le gusta reírse de las personas gordas), la gran mayoría de las personas no puede seguir con algo tan simple como comer menos de dos mil calorías al día y hacer ejercicio tres veces a la semana.

Entonces, ¿cuál es mi propósito? En primer lugar, estoy tratando de decirte que, si estás leyendo estas palabras en el capítulo final de este libro, eres una anomalía estadística (y te estoy muy agradecido). Pero aquí está el giro inesperado: para hacerte rico gracias a este libro, tendrás que estar dentro del 0,1 %.

Hagamos ahora mismo una nueva estadística sobre libros. Imagina que un enorme 20 % de las personas que comienzan a leer este libro realmente lo terminan de leer (creo que parece razonable). Te garantizo que sólo un 1 % de ese 20 % acabará triunfando gracias a lo aprendido en este libro. La inmensa mayoría de la gente pensará «Sí, puedo hacer todo esto. Es fácil. El próximo verano ya seré rico», pero terminará cogiendo esta información y aplicándola durante una semana hasta cansarse del arduo trabajo que supone y decidir volver a su zona de confort.

Esta gente *querrá* ser rica, pero *elegirá* permanecer pobre. Hacerse rico y tener éxito es un coñazo. Es muchísimo más difícil que perder muchos kilos de peso, y sólo el 4,4 % de la gente (que lo intenta) puede lograrlo. También lo digo por experiencia. El pasado verano perdí más de diez kilos. Lo conseguí simplemente consumiendo menos comida basura, lo que era mucho más fácil que todo lo que tuve que hacer para hacerme rico.

En resumen, las posibilidades de que tengas éxito son escasas o nulas. Básicamente has perdido el tiempo leyendo este libro, pero te doy las gracias por el dinero que me has dado comprándolo y ayudándome a triunfar más. Si seguimos con las estadísticas, la verdad es que estás bien jodido. Sería mejor que volvieras a tu vida de combatiente del tráfico.

A menos que decidas estar por encima de las estadísticas.

Míralo de esta manera: todas las personas del mundo ya han ganado la lotería de la estadística. ¿Sabías que se liberan más de 100 millones de espermatozoides durante el chaca-chaca? Y, sin embargo, por alguna extraña razón, TÚ existes, y todos tus amigos y familiares existen, y también existen miles de millones de extraños. ¿Sabes qué significa esto?

Significa que venciste a 100 millones de espermatozoides. Tu estructura exacta de ADN y quién eres como ser humano era casi imposible de conseguir, ¡pero lo conseguiste! Ya eres estadísticamente más afortunado que una persona que ha ganado la lotería varias veces.

Literalmente, hay 100 millones de razones por las que no deberías estar aquí, vivo, en esta tierra. Pero lo estás. También hay un millón de razones por las que probablemente no te harás rico, pero te harás rico si estás determinado y no te rindes…, al igual que todos esos espermatozoides que se han convertido en seres humanos. (¡Ésta es la última vez que menciono los espermatozoides en este libro, lo prometo!). Si decides seguir adelante pase lo que pase y nunca te das por vencido, hacerte rico no será una cuestión de *si*; será una cuestión de *cuándo*.

Claro, el 96 % de las personas no es capaz de perder una cantidad importante de peso. Y claro, la mayoría de las personas no puede cumplir nada de lo que se propone. ¿Pero sabes qué? Tú no eres estas otras personas. Esas otras personas no sirven. Lo que debes recordar es que todo el mundo tiene posibilidades. No basta con quererlo. Debes *elegir* tener éxito.

Todas las personas con sobrepeso tenían posibilidades. Todas las personas que no eran ricas tenían posibilidades. No había unos ninjas naziestadísticos[13] que bajaran del cielo e impidieran que tuvieran éxito. No había un policía estadístico que apartara a la gente diciendo «Mira, sólo el 4 % de las personas puede perder peso este año. Te pido perdón, pero voy a tener que obligarte a comer dónuts». No hay un Batman rico paseando por la ciudad y evitando que el 99 y 100 % de las personas se enriquezca saboteando sus negocios.

Todas las personas que fallaron en algo, fallaron porque eligieron fallar. No hubo un lanzamiento de dados estadístico. Ni una fuerza externa. Ningún policía las obligó a comer dónuts. Decidieron tomar el camino fácil y formar parte de la estadística.

Y oye, algunas personas no quieren perder peso. Algunas personas no quieren ser millonarias. Y eso está bien; no estoy hablando de ellas. Estoy hablando de las personas que sí quieren, de las personas que pueden haber comenzado a trabajar hacia un objetivo, pero que se han dado por vencidas después de una semana o de seis meses porque era demasiado difícil, porque implicaba demasiado trabajo o porque tenían otra excusa poco convincente (sí, excusa) para volver a sus vidas cómodas.

Lo que estoy tratando de decirte es que si realmente te comprometes con algo y trabajas en ello, la única persona que controla tus posibilidades de éxito eres tú. La gente te dirá que es probable que falles. La gente te dirá que estás asumiendo demasiados riesgos. La gente intentará convencerte de que vuelvas a la vida de mediocridad que han elegido porque para sus adentros no quieren verte triunfar. Nada resulta más doloroso que ver a alguien que consideras que es como tú superándote y convirtiéndose en algo más grande, porque entonces tienes que enfrentarte a la realidad de que podrías haber hecho eso, pero decidiste no hacerlo.

---

13. Con esta expresión, el autor se refiere irónicamente a un guerrero ninja fanático de las estadísticas. *(N. del T.)*

No escuches a las personas fracasadas. Repito, no escuches a las personas fracasadas: el 99 % de las personas no entiende nada y ni siquiera puede comprometerse a atarse sus propios cordones. (¿Por qué crees que el velcro se hizo tan popular en el pasado? Problemas de pereza y de compromiso, por eso. ¡Estoy bromeando, por supuesto, pero ya me entiendes!). Mi consejo es que *sólo* escuches a tus mentores, a tus amigos competitivos y a ti mismo.

Lo que se te ha dado en este libro son lecciones y mentalidades que todas las personas más ricas de la tierra tienen en común. La única diferencia es que los millonarios y los multimillonarios pasaron por el dolor y el método de ensayo y error para aprender estas mentalidades, mientras que todo lo que has tenido que hacer tú es leer este libro. He adoptado estos pilares (y decidí escribirlos en forma de libro) porque mi éxito personal y el éxito de todos los que me rodean me demuestran que no sólo son ciertos, sino que son necesarios. Ahora ya sólo queda un pilar/mentalidad/decisión/creencia que debes adaptar para hacerte rico. ¿Estás preparado?

El undécimo pilar: Decide hacerte rico

Todas las personas que se han hecho ricas decidieron hacerse ricas en algún momento. Se dijeron: «Al diablo con las estadísticas, al diablo con lo que sea que se interponga en mi camino y al diablo con la lógica. ¡Quiero ser rico y seré rico!». Para que este libro tenga algún impacto sobre tu vida, debes tomar esta decisión y creértelo realmente con cada célula de tu cuerpo. Puedes leer este libro y masturbarte mentalmente con la idea de ser tan rico como quieras, pero hasta que no decidas «hacerte rico o morir en el intento», no lo conseguirás.

Cuando tengas dudas de si puedes hacerte rico o cuando los combatientes del tráfico intentan mantenerte en su zona de confort, aplica el primer pilar. Decide olvidar lo que te han dicho sobre la riqueza de las personas sin riqueza y decide creer lo que la gente rica real cree (y lo que este libro te enseña).

Cuando estés creando un negocio y no estés seguro de si estás creando riqueza de la manera correcta, puedes consultar el segundo pilar. Simplemente pregúntate si estás separando tu tiempo del dinero o si simplemente estás creando otro trabajo.

Cuando te sientas intimidado por un problema que tal vez no puedas resolver, piensa en el tercer pilar. Conquista tus desafíos aceptando el hecho de que *debes* ser mayor que cualquier desafío (o persona) que se te presente.

Cuando avances en tu negocio y desees evitar contratiempos, vuelve al cuarto pilar. Recuerda que tú eres el único responsable de todo lo que le pasa en tu negocio. Cuando hagas esto, podrás predecir y combatir problemas que quedan fuera de tu supuesta responsabilidad.

Si estás dejando que el miedo te impida crecer y asumir riesgos financieros, pregúntate si estás adoptando el quinto pilar. Intenta reconocer si estás pensando con la mentalidad de abundancia de un futuro multimillonario o con la mentalidad de escasez de un combatiente del tráfico de ocho a cinco.

Cuando hayas decidido en qué centrarte, pero no estés haciendo ningún progreso, piensa en el sexto pilar. Identifica el problema inmediato que esté deteniendo tu progreso y solvéntalo primero. Que no te distraigan los «qué pasa si». En vez ello, céntrate en «lo que pasa».

Si estás cayendo en el mal hábito de establecer objetivos de masturbación mental, también conocidos como objetivos gigantes que no tienen un plan de acción para conseguirlos, recuerda el séptimo pilar. Retrocede y divide tus objetivos en objetivos más pequeños, y luego divide esos objetivos en acciones aún más pequeñas que puedas hacer hoy mismo.

Cuando avances con tu negocio y pienses en cómo te pueden ayudar otras personas, vuelve a leer el octavo pilar. Es imperativo que recuerdes que la gente te va a hacer rico, y para hacerte rico, debes convencer a la gente (en el buen sentido) de que te dé dinero.

Si tienes dificultades para ganar dinero, reflexiona sobre el noveno pilar. Comprueba si te estás centrando en acciones de bajo retorno de la inversión y estás dejando a un lado aquello que realmente te aporta dinero, y céntrate únicamente en acciones de retorno elevado de la inversión (y haz que otras personas hagan el resto).

La próxima vez que salgas con tus amigos, pregúntate si realmente estás intentando vivir el décimo pilar. ¿Estás interactuando con personas que te hacen avanzar y te conducen al éxito? ¿O, por el contrario, estás saliendo con personas que te mantienen en una mentalidad de combatiente del tráfico?

Lo más importante, antes de aplicar cualquiera de estos otros pilares e intentar hacerlos parte de tu vida, es que debes adoptar el único pilar que puedes usar en este momento, independientemente de dónde te encuentres en tu vida o tu negocio. Éste es el undécimo pilar: tomar la decisión de hacerte rico pase lo que pase.

Puedes tomar esta decisión justo en este momento. No mañana, ni la semana que viene. No el próximo mes o cuando tengas algo de dinero ahorrado. No cuando los niños se vayan de casa, ni cuando te jubiles, ni cuando desaparezca tu molesto resfriado. ¡Ahora mismo!

Puedes adoptar el undécimo pilar y decidir vivir una vida de abundancia ahora mismo. Pero no puedes tomar esta decisión una sola vez y esperar ser rico el próximo martes. Necesitarás adoptar este pilar cada momento de cada día. Cuando estés emprendiendo el viaje hacia el éxito, te encontrarás con mil y una fuerzas que tratarán de hacer que no cumplas con esa promesa que te has hecho a ti mismo.

Por este motivo, debes volver a comprometerte con esta decisión todos los días. No hay quizás. No hay «lo haré mañana». Debes abrazar esta idea y esta mentalidad con cada célula de tu cuerpo cada segundo de tu vida. Cada decisión que tomes y cada medida que tomes deben alinearse con tu objetivo de hacerte rico. Esta creencia debe tenerte totalmente obsesionado.

Una vez que hayas adoptado este pilar, todo lo que tienes que hacer es aplicar los otros diez pilares y el éxito será tuyo; tan simple como lo que te acabo de explicar. No es cuestión de estadística, de casualidad o de suerte. O lo haces o no lo haces.

Así pues, te voy a dejar con un ejercicio final. En el recuadro de la página siguiente quiero que escribas «Me haré rico».

Luego, debajo de este compromiso contigo mismo, quiero que firmes y escribas la fecha de hoy. Ésta es tu promesa y tu compromiso contigo mismo de que no serás una estadística. No serás como las otras personas que aceptan vivir una vida mediocre de escasez y deseos incumplidos. Te estás prometiendo a ti mismo que vivirás una vida de abundancia y sueños cumplidos.

Si no puedes cumplir esta promesa todos los días, no la firmes. No quiero que me culpes a mí ni a este libro por tus fracasos. Pero si puedes escribir esta afirmación y creerlo firmemente, entonces adelante. Hazlo. Luego arranca esta página firmada y pégala con cinta adhesiva o grápala en un lugar donde la veas todos los días cuando te despiertes, como en el espejo del baño, en la cafetera o en la frente de tu pareja. Es importante que leas esta declaración todas las mañanas para que lo primero en lo que pienses sea en esta promesa que te hiciste a ti mismo.

(Además, si tienes Twitter o Instagram, podrías hacer una fotografía y etiquetarme en @AlexBeckerTech con el hashtag #10Pillars. ¡De verdad, hazlo! Es un poderoso ejercicio, porque ahora también te responsabilizas públicamente. Cada vez que quiero hacer una gran promesa, lo anuncio públicamente para avergonzarme si doy marcha atrás).

MI PROMESA

Nombre:	Fecha:

Todo se reduce a esto: a tomar la decisión. Toma la decisión… y toma la decisión. No lo puedo enfatizar lo suficiente. Adoptar las mentalidades comentadas en este libro te puede hacer ganar millones de dólares, pero son inútiles sin la sencilla decisión de hacerte rico realmente. Hubo un momento en la vida de cada uno de los millonarios y multimillonarios artífices de su éxito en la que tomaron la decisión de ser financieramente libres. Si bien los resultados no fueron instantáneos, esta decisión única –este momento único– cambió sus vidas para siempre.

Cuando hayas terminado de leer este libro, quiero que escuches atentamente a todas las personas que te rodean que quieran ser ricas. Escucha cómo se quejan de sus trabajos de ocho a cinco y de que esperan más de la vida. Escucha cómo se refieren a ese negocio que comenzarán cuando tengan tiempo. Escucha cómo se inquietan por unas simples facturas y se preocupan por el precio de una cena en un restaurante. Todas estas personas quieren ser financieramente libres y les encantaría ser ricas. De hecho, prácticamente cualquier persona que conoces quiere ser rica. Ese vagabundo que descansa bajo un puente quiere ser rico. Los miembros de tu familia quieren ser ricos. La primera persona que veas después de terminar este libro quiere ser rica. Pero ninguno de ellos ha decidido ser rico. Han aceptado una vida con límites financieros y una vida de deseos incumplidos.

Todo el mundo experimenta el profundo deseo de hacerse rico al menos unas pocas veces en su vida. Sin embargo, menos del 1 % de las personas decidirá hacerse rica a cualquier precio. Quiero que este momento, ahora mismo, sea *tu* momento. No hay ninguna estadística que se te pueda aplicar. No hay nada tan grande que no puedas gestionar. No hay nada que quieras que no puedas tener.

Todas las personas ricas del planeta han tenido este momento, ya sea que quisieran más, se hartaran de su jefe o simplemente se cansaran de ser pobres. *Todas* las personas ricas han estado donde estás tú ahora.

Lo único que te separa de estas personas es este pilar final. Toma ahora mismo la decisión de comprometerte verdaderamente a hacerte rico. Si estás realmente comprometido, ningún riesgo será demasiado desalentador. Ninguna acción será demasiado agotadora. Ningún reto será demasiado grande.

Lo que te diferencia de los millonarios y de los multimillonarios actuales es que tienes ventaja sobre ellos porque lees este libro y conoces estos pilares/mentalidades incluso antes de comenzar. Leer este libro atenuará tus errores y reducirá el tiempo que necesitas para tener éxito. Por lo tanto, decide ser rico y deja atrás al resto del mundo. Decide qué tipo de vida vas a vivir y con quién vas a estar. Elige que te mereces cualquier cosa que te venga; por el mismo precio, aprovecha y disfruta.

Éste es tu momento. Toma la decisión de hacerte rico. Ahora mismo.

Extra

Empieza tu propio negocio de la «manera correcta»

Con suerte, a estas alturas ya has aprendido (y posiblemente ya hayas adoptado) algunas nuevas mentalidades que cambiarán tu nivel de éxito. Como he explicado en el primer capítulo, los ingresos son el resultado de nuestras acciones, y las acciones son el resultado de nuestras creencias. Por lo tanto, si queremos hacernos ricos, el reto más difícil, pero más necesario, es cambiar nuestro sistema de creencias.

En este capítulo extra, me alejaré por un momento de las mentalidades y te daré algunos consejos tácticos sobre cómo comenzar en el mundo de los negocios, del emprendimiento y de la riqueza. Más aún, quiero enseñarte algunas tácticas que minimizarán el riesgo y maximizarán la recompensa.

(Nota: También he creado una serie de vídeos de negocios completamente gratis en AlexBecker.org/go. Simplemente navega y podrás obtener el curso completo sin ningún cargo).

Por favor, ten en cuenta que tendría que escribir media docena de libros para explicar perfectamente todos estos tipos de negocios y cómo comenzarlos. Sólo quería darte algunas ideas para que puedas ponerte manos a la obra ahora mismo.

Hay miles de formas de hacerse rico. Algunas personas empiezan un negocio, otras invierten en el mercado de valores y otras van a programas de televisión. No importa lo que quieras hacer, siempre y cuando apliques estos once pilares de riqueza y nunca te rindas; acabarás haciéndote rico.

Ahora hablemos sobre cómo comenzar tu primer negocio.

Comprende los tres tipos diferentes de empresas

Aquí hay un dato curioso (obvio): no todos los negocios son iguales. Y no me refiero a que algunos negocios son supermercados y algunos negocios son tiendas de reparación de aspiradoras. (¿Aún existen?) Me refiero a que la forma en la que los negocios comienzan, se mantienen y se vuelven rentables son completamente diferentes. Éstos son los tres grandes tipos:

Negocios de flujo de caja

Los negocios de flujo de caja son negocios que tienen muy pocos gastos generales, pero que necesitan mucho tiempo personal para comenzar y hacerlos funcionar. Por ejemplo, si vendes servicios de *marketing online* y no tienes personal, tu coste directo será prácticamente cero (básicamente, sólo necesitas dinero para comprar un dominio y un alojamiento web), pero deberás dedicar mucho tiempo a conseguir clientes y, por lo tanto, a prestar el servicio. Por este motivo, puedes generar beneficios con un margen elevado, por lo general cercano al 90 %.

El problema con este tipo de negocio es que todo depende de ti. Tú eres la única persona que vende, comercializa y trabaja, lo que limita la cantidad de clientes que puedes tener. Esto significa que inevitablemente acabarás estancándote en algún momento. Además, estos negocios son casi imposibles de vender, ya que resulta casi imposible eliminarte de la ecuación. (Resumiendo, en este tipo de negocio no puedes separar el tiempo del dinero).

Así pues, los principales beneficios de este tipo de negocio son:

- Tiene un elevado margen de beneficios.
- No se requieren inversión para empezar.
- Y los principales inconvenientes son:
- Hay que dedicar muchas horas.
- Es difícil aumentar más allá de determinado punto.

Nota: Los negocios de flujo de caja se pueden transformar en negocios escalables de inversión elevada en un momento determinado, lo que trataré ahora mismo.

Negocios escalables de inversión elevada

Los negocios escalables de inversión elevada son los tipos de negocios que salen en las noticias. Son esas aplicaciones o negocios enormes que surgen de la nada y generan millones de dólares. La clave para conseguir que estos negocios tengan éxito es, por supuesto, construirlos de la manera correcta (contratar el personal adecuado, elegir el emprendimiento adecuado, dirigirte al mercado adecuado, etc.), aunque también requieren una fuerte inversión para comenzar.

Un ejemplo sería comenzar una compañía de *software*. Según el tipo de *software* que estés desarrollando, puedes necesitar entre 10 000 y 500 000 dólares para completar tu primera versión vendible y lista para usar. Entonces, aún necesitarás más dinero para comercializar el *software* y comenzar a atraer compradores. Sin embargo, la ventaja es que una vez establecido el negocio, puedes ampliarlo con facilidad.

Cuando se trata de *software,* mantenerlo para diez usuarios no es muy diferente a mantenerlo para cien mil usuarios, a diferencia de lo que pasa con un negocio de flujo de caja. El *software* hará su trabajo automáticamente y el personal contratado para diseñarlo crecerá para mantenerlo. Por este motivo, este tipo de negocio es fácilmente vendible y es posible conseguir valoraciones de nueve cifras con un equipo adecuado.

El motivo es porque el negocio puede llevarlo cualquiera, ya que el tiempo personal no está involucrado. Por ejemplo, si tienes un negocio de aplicaciones para redes sociales que te permite ganar 12 millones de dólares al año, sería bastante fácil que Facebook te lo comprara y lo integrara en su plataforma actual (en realidad, ya lo hizo con Instagram).

Lo loco de este tipo de negocios es que a menudo los creadores ni siquiera intentan generar beneficios durante años. Amazon es un ejemplo perfecto. En sus primeros veinte años como negocio, Amazon no ganó ni un centavo, pero valía miles de millones de dólares por lo rápido que crecía. El motivo por el cual las empresas pueden hacerlo es por el beneficio potencial percibido. Si bien en realidad no ganaba dinero, todos los indicios apuntaban a que Amazon se convertiría en el minorista *online* más grande del mundo. Por extraño que parezca, Amazon superó a todas las empresas del planeta en ventas el Black Friday de 2015, por lo que puedes ver que esta suposición estaba bien fundada. De todos modos, se necesitó una cantidad increíble de tiempo y de dinero para llegar a este punto.

Así pues, los principales beneficios de este tipo de negocio son:

- Es muy vendible.
- Es fácil conseguir riquezas exageradas.

Y los principales inconvenientes son:

- Es caro al empezar.
- Por lo general, no se puede hacer solo.
- Puede tener pérdidas durante años.

Negocios de inversión a largo plazo

Los negocios de inversión a largo plazo son negocios que requieren mucho dinero para comenzar, pero que pueden generar un retorno de la inversión de entre el 10 y el 20 % año tras año con muy poco tiempo y muy poco riesgo. Por ejemplo, si compras por un millón de dólares una discoteca que genera 200 000 dólares al año, obtendrás un rendimiento del 20 % cada año, siempre y cuando mantengas el negocio. La mayoría de veces, estos negocios son negocios físicos que no van a desaparecer a corto plazo y que son fáciles de mantener. A falta de mejores palabras, son negocios en los que puedes poner tu dinero y obtener un retorno de la inversión constante y seguro.

El mejor ejemplo de esto es el sector inmobiliario. Si compras un montón de pisos y los alquilas a docenas de personas, obtendrás un retorno de la inversión constante. Además, los pisos mantendrán su valor y los podrás vender cuando quieras por el valor que los compraste, siempre y cuando el valor de la propiedad permanezca igual.

Este tipo de negocios son grandes inversiones porque son llave en mano y de bajo riesgo. Por otro lado, estos negocios requieren una inversión inicial muy grande y es imposible que crezcan por sí solos. Por ejemplo, sólo puedes ganar una cantidad limitada de dinero con una discoteca, y crecer implicaría tener que abrir otra en una segunda ubicación, que también tendrá una cantidad limitada de ingresos. También es probable que no recuperes el dinero invertido al menos hasta dos años después de abrir el negocio.

Éstos son los pros de un negocio de inversión a largo plazo:

- Proporciona inversiones seguras y constantes.
- Permite ingresos pasivos fáciles.
- Puede generar un retorno elevado de la inversión año tras año.
- Se puede vender por el valor inicial siempre que se mantenga.

Y éstos son los contras:

- Se requiere una gran inversión para empezar.
- Se necesita mucho tiempo para recuperar el dinero.
- Es casi imposible que crezca por sí solo.

¿A qué vienen estos términos y definiciones?

El motivo por el cual debes conocer estos tres tipos de empresas es porque, si planificas correctamente, puedes superar cualquier «contra» de las que he mencionado. Pero si, por el contrario, comienzas en el negocio equivocado con las ideas y la mentalidad equivocadas, te tendrás que enfrentar a una ardua batalla que podría terminar en un fracaso innecesario.

Por lo general, cada vez que veo a nuevos emprendedores iniciar un negocio escalable de inversión elevada o uno de inversión a largo plazo, fracasan y pierden mucho dinero porque no tienen experiencia en la gestión de un negocio y tienen que correr un riesgo financiero considerable.

Esto es como quitar la red de seguridad mientras intentas caminar por la cuerda floja por primera vez en tu vida. ¿Alguien triunfa en estas situaciones? Por supuesto…, pero es muy raro. ¿Es la forma más segura de comenzar un negocio como novato? Definitivamente no. Esto no significa que no debas perseguir un sueño en el que realmente crees porque es un negocio escalable de inversión elevada o uno de inversión a largo plazo; esto significa que debes planificarlo correctamente para no cometer los errores que cometen la mayoría de los emprendedores.

Cómo empezar un negocio y hacer dinero lo más rápido posible con un presupuesto pequeño

Si estás leyendo este libro, voy a suponer que gastar los ahorros de tu vida para iniciar un negocio te hace sentir bastante incómodo. Y si acabas de comenzar, te diré directamente que es probable que no funcione. ¿Por qué? Porque *todo el mundo* se equivoca. Sí, tienes una gran ventaja ahora que conoces estos secretos internos, pero esto no significa que serás multimillonario en tu primer intento. Simplemente significa que tener éxito será más fácil y rápido que para aquellas personas que no han leído mi libro. (¿Engreído? No, sólo que confío en mis métodos).

Mis primeros intentos fracasaron, y no me avergüenzo de ello para nada. Pero el fracaso molesta bastante, sobre todo si no estás preparado. Por lo tanto, voy a enseñarte cómo mejorar la experiencia a la vez que reduces el riesgo y ganas mucho dinero, y esto implica comenzar con un negocio de flujo de caja.

Los negocios de flujo de caja son la manera más sencilla de ganar dinero de inmediato. Más adelante, si tienes objetivos más grandes, podrás utilizar tus ganancias con el negocio de flujo de caja para financiar un negocio escalable de inversión elevada. Y más adelante, cuando hayas ganado muchísimo dinero, podrás reinvertirlo en un negocio de inversión a largo plazo, que te permitirá quedarte sentado y obtener un retorno de la inversión de entre el 8 y el 15 % anual del dinero invertido, siempre que sepas invertir con inteligencia. Esto te hará pasiva y escandalosamente rico (es decir, rico sin tener que trabajar... separando el tiempo del dinero).

Para ponerlo en perspectiva, imagina que vendes tu empresa por 15 millones de dólares. Luego compras 150 pisos por 100 000 cada uno, todos con una renta anual de 15 000 dólares (15 % del rendimiento anual). Mientras los valores de las propiedades se mantengan estables, obtendrás un rendimiento anual del 15 % sobre tus 15 millones de dólares (más de 2 millones de dólares anuales). Además, podrías vender tus apartamentos y recuperar esos 15 millones de dólares. Éste es el motivo por el cual estos negocios de inversión a largo plazo funcionan tan bien: porque simplemente puedes poner tu dinero en algún lugar y obtener un retorno significativo.

Revisemos paso a paso cada tipo de negocio para que puedas ver cómo utilizarlos para hacer un montón de pasta.

Cómo iniciar un negocio de flujo de caja

En primer lugar, y a pesar de sus desventajas, los negocios de flujo de caja pueden crear muchos cambios por sí mismos. Tengo muchos amigos que ganan entre 1 millón y 10 millones de dólares anuales con negocios de flujo de caja. El problema con este tipo de negocios es que requieren mucho tiempo y no se pueden automatizar. Por lo tanto, resultan casi imposibles de vender.

Mi objetivo personal es tener un patrimonio neto de entre 100 y 500 millones de dólares, y eso es casi imposible de conseguir con un negocio de flujo de caja (para lograrlo, necesitas un negocio escalable de inversión elevada, que los trataré a continuación). Es posible que en tu caso tengas un objetivo diferente, así que siéntete libre de quedarte en este paso (es decir, tener sólo un negocio de flujo de caja).

Antes de comenzar: hoy en día, el mejor lugar para comenzar un negocio de flujo de caja es Internet (¡No me digas!). Dado que Internet es tan vasto, es bastante fácil empezar un negocio en cualquier nicho con un presupuesto bajo y convertirlo en un gran negocio con retorno. Quiero darte tres buenos lugares para empezar a buscar.

1. Marketing de afiliación

El *marketing* de afiliación es donde vendes los productos de otra persona y cobras una comisión por ello. Por ejemplo, si soy propietario de un sitio web donde reviso las cuerdas de guitarra y luego envío a los lectores a comprar las cuerdas que sugiero a través de mi enlace de afiliación, la empresa de cuerdas de guitarra me enviará una comisión. Otro ejemplo: si de algún modo envío tráfico hacia un producto para tratar el acné de una empresa farmacéutica y la gente compra este producto, la farmacéutica me pagará una comisión. Lo único que tienes que hacer es apuntarte en el programa de afiliación de la compañía antes de comenzar a vender; la propia compañía te ofrecerá un link especial que permitirá un control de tu comisión por la venta de sus productos.

Este tipo de negocio es excelente porque no requiere inversión de tu parte (aparte de los costes del sitio web y quizás algo de espacio publicitario). No tienes que crear un producto o gestionar su entrega a los clientes. Tu único trabajo consiste en enviar tráfico dirigido al producto con la esperanza de que alguien lo compre. Eres el epítome de un intermediario.

Por ejemplo, como he mencionado varias veces a lo largo de este libro, uno de mis primeros negocios se basaba en el SEO. En pocas palabras, era muy bueno haciendo que aparecieran sitios web en la parte superior de los motores de búsqueda al hacer búsquedas relevantes.

Así, por ejemplo, cuando en Google alguien buscaba «clases de piano», en la primera página de Google aparecía mi sitio web que promovía clases de piano. Entonces enviaba el tráfico a un sitio web de clases de piano, que a su vez me pagaba por cada venta que les proporcionaba.

De todos modos, hay mil y una maneras de hacer *marketing* de afiliación *online*, y centrarse en el SEO es únicamente una de estas maneras. Algunas personas compran anuncios y envían a la gente a los sitios web de los vendedores. Otras personas compran correos electrónicos y envían ofertas de un vendedor a otras personas. Otras crean blogs, páginas de Instagram o cualquier otro recurso que atraiga a fanáticos y lectores, y promocionan productos de afiliación relevantes para sus seguidores.

2. Marketing de información

El *marketing* de información es exactamente lo que parece: la venta de información. Visita sitios web como JVZoo.com o ClickBank.com y verás a gente que gana millones de dólares vendiendo productos que enseñan sobre cualquier tema. Tener citas, acabar con el acné, conseguir unos abdominales perfectos, ganar un montón de dinero, revitalizar las plantas…, allí se puede encontrar de todo. El motivo por el cual aconsejo esto es porque los productos de información:

- No necesitan dinero para ser creados.
- Son los productos más fáciles de crear.
- Se pueden vender instantáneamente mediante descarga *online*.

Además, supongamos que eres muy bueno haciendo algo. Tal vez sepas tejer o dar consejos para hacer frente al *bullying* o para mantener vivas las carpas del estanque durante más de una semana. Sea lo que sea, es probable que haya otras personas que quieran aprender de ti. Todo lo que tienes que hacer es elegir un tema, escribir un curso o un libro electrónico que explique todo lo que sabes sobre ese tema y venderlo en un sitio como JVZoo o ClickBank.

El *marketing* de información es un tema del que podría hablar durante días, pero no puedo explicar todo lo que sé en este pequeño capítulo. Si esto parece algo que le gustaría hacer, te recomiendo que consultes *The Official Get Rich Guide To Info Marketing*, de Dan Kennedy.

3. Servicios basados en marketing, consultoría y venta directa

De las tres sugerencias para negocios de flujo de caja, recomiendo ésta con mayor frecuencia. ¿Por qué? Las dos sugerencias anteriores requieren que aprendas un poco sobre cómo funciona Internet y obtener riqueza de ellas llevará un tiempo. Sin embargo, constantemente veo que la gente se enriquece rápido usando este tercer método basado en la venta directa. Esto se debe a que lo único que te separa de un día de pago es convencer a alguien para que te dé un cheque. Cuando seas bueno vendiendo o convenciendo a la gente, puedes acumular cheques muy grandes a toda velocidad.

No hay que hacer inversión para levantar el teléfono y vender, y en cambio puedes conseguir una recompensa casi inmediata.

¿Qué es la venta directa? Es cualquier cosa que puedas vender directamente a personas y empresas con un elevado margen de beneficio. El motivo por el que esto es tan letal es que lo único que en realidad tienes que aprender es vender, y no se necesita ninguna inversión hasta después de hacer la venta. Algunos ejemplos de esto serían la venta de inmuebles, los servicios de *marketing* (SEO para clientes o gestión publicitaria) o la consultoría de negocios.

Imagínate que decides seguir vendiendo inmuebles. Por supuesto, tendrías que aprender por tu cuenta los entresijos de cómo vender inmuebles, pero una vez que seas bueno vendiéndolos, podrás pasar de cero dólares a 20 000 dólares mensuales sin ninguna inversión. Lo mismo ocurre con los servicios de *marketing*. He visto a muchas personas aprender cómo hacer SEO o gestionar la publicidad y luego generar cientos de miles de dólares al año simplemente vendiendo muchísimo. Cuando vendes algo, puedes ganar 1000 dólares al mes por cliente y no necesitarás muchos clientes para hacer 100 000 dólares, o más, al año.

Por eso he dedicado muchos párrafos en este libro a empujarte a aprender a vender por encima de todas las demás cosas. En la mayoría de los servicios de lujo, puedes externalizar el trabajo, pero no puedes ni debes externalizar la venta.

Una vez más, te sugiero que compres algunos libros de Dan Kennedy sobre venta directa. No sólo aprenderás cómo vender directamente a las empresas, sino también cómo ofrecer servicios de venta para las empresas.

Estate preparado para fracasar, estresarte y pasar por problemas de desarrollo

Antes de continuar, quiero ser franco contigo. Crear y hacer crecer un negocio de flujo de caja supondrá todo un reto. Vas a equivocarte y probablemente fracasarás varias veces. Por suerte, si fracasa un negocio de flujo de caja, no pierdes mucho. Es probable que también fracases si empiezas con un negocio escalable de inversión elevada o con uno de inversión a largo plazo, pero la diferencia en este caso es que suele haber un montón de dinero en juego. Si fracasas con un negocio de flujo de caja, las únicas consecuencias son pasar algo de vergüenza y aprender algunas lecciones, muy necesarias (y tal vez perder cien dólares).

Lo que quieres hacer es acostumbrarte a gestionar y hacer crecer tu negocio cuando las probabilidades son bajas, por lo que es perfecto comenzar con un negocio de flujo de caja. Tu negocio de flujo de caja te enseñará lo que necesitas saber para hacer crecer negocios más grandes y convertirte en un hombre de negocios curtido porque tienes que ser completamente autosuficiente. Después de un año o dos de acción constante, serás capaz de vender cualquier cosa.

¿Deberías dejar tu trabajo para dedicarte a tu negocio?

Probablemente, cualquiera que esté leyendo este libro ha pensado en esta cuestión al menos una vez en la última década, si no lo hace mensualmente o incluso semanalmente. Y la respuesta es que depende en gran medida de la situación de tu vida. Si tienes poco dinero ahorrado en el banco y una familia que depende de tus ingresos, debes ser un adulto responsable y mantener el trabajo mientras dedicas horas a tu negocio a primera hora de la mañana o por la noche. Si, por el contrario, eres soltero, no tienes hijos y tienes suficiente dinero en el banco para pagar todas tus facturas y cenar carne todas noches durante seis meses, entonces es una historia diferente. Puedes renunciar a tu trabajo y «sestear» un tiempo, o bien puedes seguir trabajando y amasar toneladas de dinero mientras trabajas increíblemente duro. Lo que estoy tratando decir es que no hace falta que dejes tu trabajo, y que no debes hacerlo si te causa un exceso de estrés o de preocupaciones. Si conservas tu trabajo y a la vez quieres comenzar un nuevo negocio, sólo significa que tendrás que trabajar más horas al día que si no siguieras trabajando.

Por ejemplo, ¿recuerdas que te he dicho que durante un tiempo trabajé en una agencia de *marketing?* Seguí trabajando allí mientras desarrollaba mis negocios *online* e incluso cuando obtenía ingresos a tiempo completo gracias a mis negocios *online.* No tiene nada de malo tener una red de seguridad y ser inteligente con tu dinero. Cuando tenía un rato en el trabajo, me dedicaba a mi negocio. Cuando llegaba a casa, me dedicaba a mi negocio. Los fines de semana, mientras todos mis amigos se lo pasaban en grande, me dedicaba a mi negocio.

De hecho, mantuve mi trabajo en esta agencia hasta que conseguí ganar 20 000 dólares mensuales gracias a mis negocios *online,* porque me gustaba ir sobre seguro. De todos modos, después de dejar mi trabajo, llegué a los 50 000 dólares netos mensuales al cabo de dos meses, cifra que poco después aumentó hasta más de 100 000 dólares netos mensuales.

Como puedes ver, tener un trabajo indudablemente frenó mi progreso, pero no me impidió comenzar un negocio o tener éxito con ese negocio. Además, mantener un trabajo me ofreció un flujo constante de dinero para en mi negocio y una red de seguridad que me permitió asumir más riesgos financieros.

Así pues, tener un trabajo mientras trabajas en tu negocio A) frenará tu progreso y B) requerirá que utilices todo tu tiempo libre en tu negocio. Pero también A) te dará dinero para invertir y B) te dará una red de seguridad para poder asumir riesgos financieros.

Si renuncias a tu trabajo, es probable que alcances tus objetivos más rápido, pero tendrás que ser más autosuficiente, ya que no dispondrás de un ingreso de reposición. Debes determinar tus prioridades antes de tomar esta decisión y asegúrate de tomarla pensando en ti y en tu familia, no siguiendo los consejos de alguien indocumentado. (En realidad, nunca deberías tomar decisiones siguiendo los consejos de alguien indocumentado).

Qué hacer cuando tus ingresos se estancan (negocios escalables de inversión elevada y de inversión a largo plazo)

Con un poco de esfuerzo y la inteligencia comercial adecuada, la mayoría de negocios de flujo de caja pueden crecer fácilmente hasta obtener ganancias entre 1 y 5 millones de dólares anuales. Una vez alcanzada la marca del millón de dólares, comenzarás a toparte con muchos estancamientos. Llegados a este punto, tendrás que tomar una decisión: seguir con tu negocio de flujo de caja, iniciar un negocio escalable de inversión elevada o canalizar tus ingresos de flujo de caja a un negocio de inversión a largo plazo.

Lo que debes entender es que hay una diferencia entre ser rico ahora y ser rico para siempre. Si quieres ser rico para siempre con un negocio de flujo de caja, debes estar a gusto trabajando en este negocio el resto de tu vida (ya que no puedes hacer que otras personas lo gestionen por ti y tampoco podrás venderlo). Pero también debes tener en cuenta que tu negocio de flujo de caja podría no durar para siempre por culpa de los cambios en las demandas de los consumidores o en tu capacidad para hacer el trabajo. Por lo tanto, siempre es buena idea considerar otras opciones, como transformar tu negocio en un negocio escalable de inversión elevada o invertir en un negocio a largo plazo.

Conozco a muchas personas que ganan cientos de miles de dólares al mes gracias a sus negocios de flujo de caja y están muy contentas de quedarse con ellos toda su vida. Si es tu caso, adelante, es genial. Has encontrado lo que te gusta y lo que funciona en tu caso, lo cual es increíble. Lo único que te sugiero es que encuentres maneras de automatizar mejor el negocio o de gestionar los clientes con menos tiempo personal. También te sugiero que encuentres maneras de ganar más dinero por lo que vendes, porque es la única forma de aumentar tus ingresos, ya que es probable que tu negocio aún se base en tu tiempo individual (del cual dispones de una cantidad limitada).

Además de esto, te recomiendo que inviertas este dinero en un negocio de inversión a largo plazo que te permita obtener un retorno de la inversión de entre el 10 y el 15 % año tras año..., pero lo trataré dentro de unas pocas páginas.

Supongamos que quieres hacerte realmente rico. Tan asquerosamente rico que puedas perder 5 millones de dólares sin que apenas lo notes. La forma más fácil de hacerlo es convirtiendo tu negocio de flujo de caja en un negocio escalable de inversión elevada o bien iniciando un segundo negocio de este mismo tipo.

A veces, convertir un negocio de flujo de caja en uno escalable de inversión elevada puede ser muy fácil, mientras que otras veces resulta imposible. Por ejemplo, uno de mis primeros negocios se basaba completamente en mí. Yo era la marca y la gente quería comprar información mía y sólo mía. Por esto, no pude contratar empleados para que gestionaran el negocio y crearan los productos. Te encontrarás con este mismo problema si tu negocio se centra exclusivamente en ti.

En el caso de un negocio escalable de inversión elevada, el objetivo es tener un negocio que funcione igual independientemente de que tengas 10 clientes o 100 000 clientes. Si lo haces bien, fácilmente puedes hacer crecer el negocio más allá del millón de dólares mensuales.

La forma más sencilla de convertir un negocio de flujo de caja en uno escalable de inversión elevada es encontrar formas de clonarte a ti mismo. Imagina que estás vendiendo servicios de *marketing*. Todo lo que necesitas hacer es contratar personal que pueda ofrecerte el servicio que estás vendiendo (es decir, crear una agencia). Más adelante también necesitarás contratar personas que vendan los servicios por ti.

Como he dicho antes, nadie podrá vender tu negocio como tú, y tú siempre serás el mejor vendedor de tus productos o servicios. Sin embargo, si eres capaz de clonar tus tácticas en personas válidas (como en el caso de Jordan Belfort en *El lobo de Wall Street),* puedes delegar tu venta con excelentes resultados. Te sugiero que lo hagas una vez que hayas perfeccionado tu estrategia de venta para que sea más fácil enseñarla a otros. Al final, dedicarás tu tiempo a dirigir personas y a encontrar maneras de hacer crecer el negocio. Éste es el objetivo final; llegar a este punto significa que has ganado.

Serían ejemplos un diseñador web que crea una empresa de diseño web o un agente inmobiliario que contrata personal y crea una empresa. ¿Ves el patrón? Básicamente, sólo necesitas clonarte tantas veces como sea posible.

Ahora, imagina que no puedes o no quieres hacer esto. Digamos que tu negocio de flujo de caja era tu bebé, y por algún motivo no quieres que crezca. Pero después de veinticinco años haciendo exactamente las mismas cosas todos los días, has acabado harto y quieres comenzar un negocio completamente nuevo e independiente. Esto significa que ha llegado la hora de que te quedes con todo lo que has aprendido de ser un hombre de negocios durante veinticinco años y crees desde cero un negocio escalable de inversión elevada. Y sí, aunque elijas esta opción, te sigo sugiriendo que empieces un negocio de flujo de caja antes de uno escalable de inversión elevada por el hecho de que tu negocio de flujo de caja puede financiar completamente tu nuevo negocio escalable de inversión elevada.

Cuando comiences un negocio escalable de inversión elevada, te animo a que pienses a lo grande. Tu objetivo es tener cientos de miles de clientes, así que evita elegir mercados pequeños. Si tienes problemas para pensar en negocios escalables, sólo tienes que ir a un Walmart, mirar tu móvil o iniciar sesión en Facebook. Te encontrarás con miles de ejemplos. Mira todos los productos que hay en los pasillos de las tiendas, todas las aplicaciones que puedes instalar en tu móvil (o incluso las que ya están instaladas en tu propio móvil) y todos los anuncios que aparecen en Facebook. Detrás de cada producto, de cada aplicación y de cada anuncio suele haber una persona que recauda, sin estar allí, millones de dólares de miles de personas. Todo está automatizado.

Lo que pasa con estos negocios es que hay que tener mucho dinero para comenzar. Esto se debe a que, por lo general, se requiere bastante trabajo para su creación. Por ejemplo, si comienzas un negocio de proteína en polvo, necesitas pagar a un laboratorio para crear la fórmula y luego gastar bastante dinero para obtener el producto inicial (hasta 50 000 dólares, como he mencionado anteriormente en este libro). Además, deberás anunciar el producto y almacenarlo en algún lugar, así como otras cien cosas más.

Lo bueno es que deberías poder financiar todo esto sin muchos problemas con tu negocio de flujo de caja. Ya tienes éxito, por lo que no necesitas este negocio para ganar dinero inmediatamente. La otra ventaja es que cuando despegue este nuevo negocio, no sólo puedes ganar diez veces más que con tu negocio de flujo de caja con el mismo esfuerzo, sino que también podrás venderlo por cinco o diez veces más de lo que estás ganando. Así es como puedes llegar a conseguir los 100 millones de dólares con los que todo el mundo sueña.

Dicho esto, también harás algo que afecte a cientos de miles de personas, lo cual es muy guay. ¿Quién no quiere decir «Soy el director ejecutivo de PayPal» o «Creé 5-hour Energy»?

Recuerda también que estos negocios no necesitan obtener ganancias para que puedas venderlos. Hay innumerables negocios que se venden por cientos de millones o incluso por miles de millones de dólares antes de obtener beneficios. Todo se basa en hacia dónde se dirige o a quién afecta el negocio.

Invierte el dinero de tus negocios anteriores en negocios de inversión a largo plazo

Imagina que acabas de vender tu empresa por 100 millones de dólares. ¡Genial! ¿En qué lo vas a gastar? ¿Coches? ¿Casas? ¿Aviones privados?

Si tu respuesta es «Sí, sí y sí», entonces eres idiota, y ahora te explico por qué. Si te gastas 100 millones de dólares en comprarte una casa y un avión privado, y en vivir «la buena vida», ¿sabes qué le pasa al dinero? Pues que se va para siempre. Cuando te gastas 100 000 dólares en un automóvil, ese dinero se va para siempre. Cuando te gastas 500 000 dólares en una casa, ese dinero se va para siempre. La única forma que tienes de ganar dinero en efectivo es vendiendo estas cosas. Pero tenerlas *no* te hará ganar más dinero.

Ahora imagina que, en vez de comprar una casa y un avión, te gastas todo el dinero en negocios de inversión a largo plazo que tienen un rendimiento de entre el 10 y el 15 % año tras año. ¿Sabes qué pasa entonces con el dinero? Mantiene su valor a la vez que te aporta beneficios… simplemente se transfiere a otro sitio. Y en cualquier momento puedes vender tu parte por el precio que pagaste. ¿Sabes qué obtienes a cambio? ¡Dinero renovable para siempre!

Por ejemplo, uno de mis amigos tiene un patrimonio neto de más de 500 millones de dólares. En lugar de gastar todo su dinero en unicornios con lunares, lo invirtió en negocios de inversión a largo plazo. Ahora mi amigo gana pasivamente más de 50 millones de dólares anuales. Invierte el 90 % de eso en nuevos negocios y «sólo» se gasta 5 millones en sus cosas. (Por cierto, a menos que seas increíblemente frívolo o tengas un *hobby* muy caro, como comprar mansiones o cubrir cada centímetro de tu vida con empapelado con incrustaciones de diamantes, es muy difícil gastarse 5 millones de dólares cada año). Todo lo que mi amigo tiene que hacer es seguir este plan y se convertirá en multimillonario dentro de 10 años.

Por eso los negocios de inversión a largo plazo son tan increíbles.

Quiero que entiendas que empezar con un negocio de inversión a largo plazo sin haber tenido antes un negocio de flujo de caja es muy complicado. Supón que querías comprar una discoteca por un millón de dólares, pero no dispones de dinero de flujo de caja para gastar, por lo que ahorras un poco de dinero y pides préstamos para comprarla. Como esta discoteca tiene un valor de un millón de dólares, es probable que consigas unos beneficios de 200 000 dólares anuales, lo que significa que necesitarás al menos 5 años para saldar tu deuda.

En cambio, si ya tienes 5 millones de dólares sin hacer nada en tu negocio de flujo de caja, invertirlos en 5 discotecas que te hacen ganar un millón de dólares al año es fácil y coherente.

Apuesta a tu madre sin riesgo de perder a tu madre

Lo resumido antes es sólo mi opinión sobre la forma más inteligente de hacerse rico de por vida a la vez que se reduce en gran parte el riesgo. Ten en cuenta que hay muchas excepciones a estas ideas y docenas de maneras de empezar negocios. De hecho, la mayoría de los emprendedores no siguen la ruta que te acabo de exponer. He visto a muchas personas comenzar sus primeros negocios ahorrando un montón de dinero para crear una aplicación o abrir un restaurante. Esto no es necesariamente incorrecto, simplemente es más difícil que lo que acabo de explicar.

Lo que he visto es que la mayoría de las personas que comienzan como emprendedores con un negocio de flujo de caja siguen siendo emprendedores con un negocio de flujo de caja. La mayoría de los emprendedores con un negocio escalable de inversión elevada, siguen siendo emprendedores con un negocio escalable de inversión elevada. Y la mayoría de los emprendedores con un negocio de inversión a largo plazo siguen siendo emprendedores con un negocio de inversión a largo plazo. Esto, desde mi punto de vista, es un error. Los emprendedores con un negocio escalable de inversión elevada podrían financiar sus negocios con negocios de flujo de caja. O los emprendedores con negocios de flujo de caja podrían mantener su riqueza con negocios de inversión a largo plazo. Hay varias maneras de hacer que estos negocios trabajen juntos para tu beneficio.

Espero que recuerdes todos estos conceptos y los saques a relucir cuando sea necesario. Recuerda, tu primera prioridad es creer que puedes triunfar y abandonar para siempre tu mentalidad de combatiente del tráfico. Para conseguirlo, lo único que importa es que pases a la acción. Puedes usar el plan de acción o puedes pasar de él e intentar ahorrar un millón de dólares para el *software* vendiendo pasteles. La decisión es tuya.

Acerca del autor

Alex Becker es un emprendedor tecnológico multimillonario que ha iniciado numerosos negocios *online* basados en *software*.

También ha ayudado a miles de personas a crear sus primeros negocios rentables, todo desde la comodidad de su hogar en Dallas, Texas.

Índice

Introducción.   Dejemos algo claro.   9

Primer pilar.   Rechaza hacerte rico lentamente.   25

Segundo pilar.   Separa tiempo y dinero   41

Tercer pilar.   Acepta que tienes que ser mejor que todos los demás   55

Cuarto pilar.   Conocer cada pequeño detalle depende exclusivamente de ti   71

Quinto pilar.   Adopta una mentalidad de riqueza.   81

Sexto pilar.   Olvídate del «qué pasa si» y céntrate en «lo que pasa».   93

Séptimo pilar.   Planea acciones que te permitan alcanzar los objetivos   109

Octavo pilar.   Céntrate exclusivamente en aquello por lo que te pagan.   121

Noveno pilar.   Las personas dan dinero a las personas que consiguen personas . .   133

Décimo pilar.   Encuentra amigos competitivos y mentores adecuados.   145

El pilar secreto.   Toma la decisión de ser rico a cualquier precio.   159

Extra   Empieza tu propio negocio de la «manera correcta»   167

Acerca del autor   183

Otros títulos de la misma colección

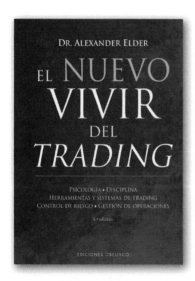

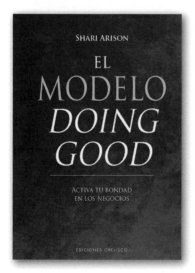

Otros títulos de la misma colección

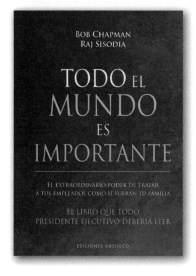

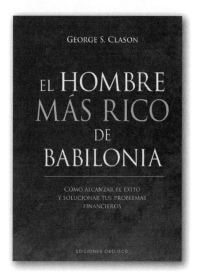

Otros títulos de la misma colección